U0932581

东湖丛书

武汉市东湖生态旅游风景区管理委员会 编

HANS 汉声 编著

武汉出版社

我在东湖等你

I'm waiting for you at East Lake

世界名湖 人民乐园

东湖：世界名湖　人民乐园

武汉市东湖生态旅游风景区工委书记、管委会主任　刘楸堂

东湖，是中国武汉一颗璀璨的明珠。国家级风景名胜区、国家5A级旅游景区、中国国家湿地公园的金字招牌光彩夺目。

东湖胸怀博大，辖区面积81.68平方公里，水域面积33平方公里，年接待游客超过2000万人次。东湖生态绝美，樱花园代表着武汉的春天，绿道串起了武汉的四季，听涛、磨山、落雁、吹笛（马鞍山森林公园）四大景区环抱成圆，湖泊、山峰、森林、湿地、花海、鸟岛串珠成链，成就了最美的"城市绿心"。东湖人文璀璨，古代屈原行吟泽畔抒发爱国情怀，近代周苍柏捐献海光农圃展现报国之志，新中国成立后毛主席48次入住东湖运筹帷幄，新时代习近平总书记五次考察湖北武汉，在东湖举行"习莫会"，视察东湖新城社区，指导抗疫斗争，对湖北武汉寄予殷殷嘱托。

党的二十大报告提出，推动绿色发展，促进人与自然和谐共生。2022年11月5日，习近平总书记以视频方式出席在武汉举办的《湿地公约》第十四届缔约方大会开幕式，他在致辞中指出，"中国有很多城市像武汉一样，同湿地融为一体，生态宜居"。东湖湿地建设的丰硕成果有力支撑起武汉成为全球首个超千万人口的国际湿地城市。武汉市委、市政府将持续建设东湖城市生态绿心，推动生态文明建设，这为东湖风景区未来发展指明了方向。

新时代，新征程。东湖风景区将进行全域提升，从系统治理、提升生态、讲好故事、拓展绿道、改造景村、赋能旅游、完善交通、强化亲水、打造亮点、传承经典等方面，实施一系列新构想、新举措，让市民享有更多亲近自然的绿色空间。

系统治理方面，通过统一规划，分步实施，谋划一批全域提升项目并有序推进，使功能、品质、配套更加完善，让游客满意，让市民舒心。提升生态方面，将锚固区域生态格局，以生态为本。讲好故事方面，将擦亮东湖文化名片，充实文化内涵。拓展绿道方面，将新增200公里绿道，外拓成网、内联完善，全面提升蓝绿空间。改造景村方面，将坚定不移推进城市更新，缔造景城互促新格局。赋能旅游方面，将通过智慧旅游建设，提升游赏服务体验及旅游品质，真正实现人与自然和谐共生。完善交通方面，将突出公共交通建设，把周边交通体系与景区交通体系进一步完善对接起来，实现景区快达慢游。强化亲水方面，将以优化景区游泳场所和现有水上乐园等方式，把水文章做足，激发东湖活动“生命力”。打造亮点方面，将新建一系列新的亮点区域，促进文旅产业提质升级。传承经典方面，将通过举办活动激活文化资源，焕发传统景区新魅力。

未来，东湖风景区将积极深入践行习近平生态文明思想，持续发挥城市绿心生态优势，坚持守正创新，生态优先，绿色发展，奋力打造世界名湖、人民乐园，让广大市民和海内外游客共享大美东湖。

我在东湖等你！

行吟，游湖

冯翔（武汉著名民谣音乐人，《汉阳门花园》作者）

2018年，纪录片《偶像》拍关于我的那一集，在行吟阁前的长椅上，我唱了《东湖》，然后泣不成声。当时，这首歌已经写了将近三年了，录音也过去了两年，中间在很多演出中都唱过，可是，第一次面对东湖唱它，我实在控制不住自己的情绪。

2016年在北京录《汉阳门花园》专辑，录音师是个瘦瘦的小伙子，叫卢创。当录到《东湖》的时候，我哽咽得唱不下去了。他把我叫到门外，让我平静了很久。他就陪我站在那儿，跟我聊天，聊他录音的经历，聊他对录制人声的理解。我终于平静下来，录完了歌。回驻地的路上，我心怀感激。

我对东湖的感情很复杂。

在北京的那些年里，每次回武汉的家，都会开车从东湖中间的沿湖路穿过，经过梨园、九女墩、湖心亭、磨山，开到风光村，然后沿卓刀泉北路开到虎泉的家。后来，建了绿道，我就会沿东湖南路，经过水生所、凌波门、水上运动基地，一直开到风光村。现在也是，到汉口去看妈妈，也走这条线。

之所以这样，是因为在我的内心里，长江、汉江和东湖，是家乡的最根本之处，以至于我执拗地认为，从长江边搬走是我这辈子遗憾的事。而且，从江边搬走以后，就一直梦想能住到东湖边……

到东湖“玩”，从小就是我最向往的事。那个时候，东湖的概念其实就是现在的听涛景区，玩的内容，其实主要就是闲逛，当然，我边走还会边听大人聊天，只是他们聊过什么已经记不起来了。一家人沿着湖边慢慢走，拍拍照，再慢慢走，等到太阳快要落山时，大家再慢慢往回走。长大以后，回想起来觉得每次到东湖都是幸福时光，但又好像没玩什么。

写《东湖》这首歌，是因为我们一家从北京回到武汉，一说起去哪儿玩，我们就会马上想到东湖，而且自小在北京生活的女儿也最喜欢去东湖。这好像是一个循环。

她和我走在湖边，跟我赛跑，让我扶着她走路边的石头，让我给她捡石子儿往湖里扔……她似乎用不完她的体力，而我会突然想到——会不会有一天，我再陪不动她了？

每当离开东湖的时候，我们都会在湖边站一会儿。

对岸的磨山可能已经变成黛青色，西面的天空可能布满了紫红色的云。尤其到了秋天，各种亮度的暖色在湖岸上层叠，湖面闪烁着金色的光。我们慢慢走着，直到夜色降临。

这些场景，一遍遍在我心里重演。但总会闪回到更早以前，爹爹（武汉人把外公叫“爹爹”）带我去东湖的画面。那次，他带我吃了这辈子吃过的最好吃的黄焖圆子和烧鱼块；那次，他背我走了好久，边走边唱“背坨坨，换酒喝”，直到背不动了才跟我说：伢欸，爹爹累了，背不动了……

写《东湖》，是希望把他的吟唱唤醒。我觉得，那天我爹爹应该算是行吟吧。

我小时候算是个老实孩子。所谓“老实孩子”有时候也意味着偷偷干了些出格的事，但成功地躲过了惩罚。

五年级时我已经到汉口上学了，五一节那天回到汉阳门陪家家（武汉人把外婆叫“家家”）看茶摊。我跟她说：“我想去东湖玩儿。”她说：“你爸爸妈妈都有事，我也要守摊子，你怎么去呢？”于是我就想，那我要自己去！

用了什么借口我已经不记得了，反正就自己去了东湖。那天天气很热，我穿的短袖短裤。到东湖的时候，发现人特别多，我穿过一堆堆人，走到了湖边。

湖边有一个简易泳场，很多人在游泳。泳场边上有一个长满青苔的石阶。我想从石阶下到湖里玩水，结果一下滑了下去，全身湿透了。我赶紧爬起来，拧干衣服，坐在湖边等着衣服干。然后，一个念头冒了出来——我干脆也游泳吧！

可是，我爸在游泳池里教了我两年，我也没学会抬起头游……

但是，我忍不住了，对着一个离岸边三五米的围栏就扑腾了过去。很快手就触到了围栏，然后，我对着岸边看了看，想着，我得抬着头看着岸啊……于是又扑腾回了岸边，抬着头。我会游泳了！激动归激动，来回再游了两次，知道得要回家了。衣服没干，裤子完全是湿的，我回了家……

2020年，中央电视台《经典咏流传》节目要录我的《二十四节气歌夏秋谣》，他们选的拍摄地就是东湖。从落雁景区到苍柏园、碧潭观鱼，再到磨山、楚城，我带着女儿，跟着剧组一站一站拍，一遍一遍唱“伢欸，回来吃饭呐……”。

看着10岁的女儿，我在想，那年偷偷来东湖，也是这个年纪啊！

目录

东湖 · 美的时光

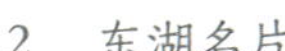

东湖 · 美的维度

东湖 · 美的旅程

东湖·美的时光

3300 公顷天光云影，101.98 公里东湖绿道，70 年砥砺前行，有关东湖这片水域，有太多故事值得你聆听。

如何第一眼速读东湖？我们接下来将从大数据、大事件等多个维度带你走进东湖。

与此同时，本篇还为你提供了东湖“打卡”TOP10 推荐、东湖 24 小时、东湖 365 天等多个实用性出游指南。

东湖名片

国家级风景名胜区

1982年，国务院将东湖风景区列为第一批国家重点风景名胜区（后改称国家级风景名胜区）。

国家 AAAAA 级旅游景区

中国旅游景区最高等级。2013 年，武汉东湖风景区被国家旅游局评定为“国家 AAAAA 级旅游景区”。

中国国家湿地公园

中国国家湿地公园是由国家湿地主管部门批准建立、有一定规模且能发挥湿地能效的水体公园。东湖国家湿地公园面积 10.2 平方公里，地跨吹笛、落雁景区，湿地率达 63.7%。

中国梅花研究中心、中国荷花研究中心

东湖磨山梅园是全世界梅花品种最多最全的培育基地，“古梅园”里最长寿的一棵梅树有 800 多岁。

东湖磨山荷园拥有世界上荷花品种最多、质量最好的荷花资源圃。

世界级城市绿道

2016 年，东湖绿道入选“联合国人居署中国改善城市公共空间示范项目”。

世界赏樱胜地

东湖樱花园有樱花 10000 余株，拥有多个珍稀品种，可从 2 月观赏至 4 月，与日本弘前樱花园、美国华盛顿州樱花园并称为世界三大赏樱胜地。

世界休闲运动胜地

东湖是最受欢迎的运动休闲景区之一。一年一度的世界田径银标赛事武汉马拉松终点就设在东湖。2019 年，第七届世界军人运动会在武汉举办，东湖风景区举办了其中的马拉松、公路自行车、公开水域游泳和帆船四项比赛，被誉为“最美山水赛场”。

东湖数读

一组数字带你看看东湖有多厉害

3 国家 AAAAA 级旅游景区、国家级湿地公园、国家级风景名胜区，3 个“国字号”荣誉，让东湖成为当之无愧的世界级“城市绿心”。

10 东湖一年有 10 个月的旅游舒适期（1 月、12 月除外），夏季平均气温低于市区约 3℃。

4 东湖共设有听涛、磨山、吹笛（马鞍山森林公园）、落雁四大景区，人文历史与自然生态在此处完美融合。辖区还有四大知名景点：湖北省博物馆 (5A)、武汉欢乐谷 (4A)、中科院武汉植物园 (4A)、东湖海洋乐园 (3A)。

39 东湖绿道沿线有 39 个驿站及服务点，为游客提供休息、餐饮、租车、医疗服务。

5 乘坐观光车、游船，骑自行车，游泳，徒步，你有 5 种方式自在漫游东湖。

33 东湖坐拥 33 平方公里水域，是全国中心城区面积最大的城中湖。

48 毛泽东主席曾 48 次视察东湖，东湖也成为新中国成立后他除北京中南海之外，居住次数最多、时间最长的地方。

1462 以东湖为中心，方圆 5 公里内共有 1462 家酒店(民宿)，提供1462种美好。

78 1972 年，日本前首相田中角荣将 78 株樱花树送给周恩来夫妇，邓颖超将这批樱花赠给了东湖。这就是东湖樱花园的开始。

10000 东湖樱花园有樱花树 10000 余株，涵盖早、中、晚樱多个品种，2—4 月可赏。

700 东湖绿道建成以来，东湖商圈内的餐饮店已经增至 700 余家，既有湖畔观景的雅致餐厅，也有写满故事的食肆。

240000

湖北省博物馆地处东湖风景区内，馆藏丰富，目前拥有各类文物 240000 余件（套）。

东湖大事记

12 世纪

南宋文人袁说友为东湖赋诗，一句“一围烟浪六十里”圈粉无数。

1930 年

民族资本家周苍柏在东湖建“海光农圃”，是为东湖风景区雏形。

1949 年

武汉解放后，周苍柏主动将海光农圃献给国家，更名为“东湖公园”。

1950 年

东湖公园改称“东湖风景区”，翻开了这个大湖全新的历史篇章。

1954 年

朱德视察湖北期间来到东湖，登磨山远眺，题词“东湖暂让西湖好，今后将比西湖强”。

1956 年

毛泽东下榻东湖宾馆，大赞武昌鱼好吃，并把《水调歌头·游泳》的手稿送给厨师杨纯清。

1958 年

屈原纪念馆建成开放。

1963 年

毛泽东故居陈列馆建成开放。

1974 年

“东湖白象”雕塑建成，此后走进无数武汉人的家庭相册。

1979 年

叶剑英游览东湖，在行吟阁题词：泽畔行吟放屈原，为伊太息有婵娟。行廉志洁泥无滓，一读骚经一肃然。

1982 年

东湖风景区被列入首批国家重点风景名胜区，听涛、磨山、落雁、吹笛、白马五大景区敲定。

2000 年

东湖风景区被列入首批国家AAAA 级旅游景区。

2016 年

周小燕纪念室建成开放。

2017 年

全长 101.98 公里的东湖绿道建成，成为中国最长的城区内AAAAA 级景区环湖绿道。

2018 年 4 月 28 日

中国国家主席习近平与印度总理莫迪在武汉东湖会晤。

2019 年

东湖获评“长江经济带 2018 年最美河流（湖泊）”，是唯一入选的城中湖。

2019 年 9 月 7 日

德国总理默克尔到访东湖绿道。

2019 年 10 月

第七届世界军人运动会开幕，东湖风景区举办了公开水域游泳、帆船、马拉松、公路自行车四大赛事。

2020 年

东湖高分通过全国示范河湖建设国家验收，为全国提供了城中湖治水样本。

2022 年

11 月 5 日—13 日，《湿地公约》第十四届缔约方大会在武汉召开。这是中国首次承办这一国际湿地盛会。东湖作为中外代表参观考察点之一，再次惊艳亮相在世界面前。

东湖“打卡”TOP10

来东湖一定要做的 10 件事

睡在东湖

住在东湖，才能体会到自然对人的眷顾。毛主席曾住过的东湖宾馆，被郁郁葱葱的池杉包围；磨山景区中的森林民宿，超大落地窗使树林一览无余；大李村的民宿美貌满分，而一杯取材于湖畔果树的自酿青梅酒，更是让人不舍。

绿道有氧

101.98 公里长的东湖绿道，让环游东湖成为可能。春季樱花园满园粉色花雨，夏季湖山道沿线如同童话世界，秋天的郊野道像打翻了调色盘，冬日里候鸟翻飞蜡梅花开。来东湖绿道，一鼓作气走到底，就能和久违的大自然说“Hi”。

看个宝贝

位于东湖边的湖北省博物馆是全国八大国家级博物馆之一。央视大型文博探索节目《国家宝藏》寻宝至此，曾侯乙编钟、越王勾践剑、云梦睡虎地秦简当选为湖北省博“镇馆之宝”。馆内每天有编钟表演，除了国风古乐，游客还能听到调皮乐手用编钟演奏的流行音乐。

极目楚天

东湖磨山有个楚文化游览区，其中有再现楚国都城郢都纪南城城门的“楚城”，有仿章华台修建的“楚天台”，还有毛主席用楷书全文手抄的《离骚》石碑。登临楚天台，看烟波浩渺，极目楚天舒。2023 年 8 月，楚天台焕新开放，现代声光电技术，让人一秒穿越回楚国。

伟人寻踪

东湖宾馆是武汉唯一的国宾馆，毛主席曾多次入住，举世瞩目的“习莫会”也在这里举行。东湖宾馆内有一个毛泽东故居陈列馆，完整保存了梅岭一号的毛主席故居。故居门口有一株油松，是毛主席1960年时亲手栽种。宾馆内还有一座凉亭，2018年“习莫会”，中印两国领导人曾于此饮茶聊天。驻足于此，就能“打卡”伟人同款风光。（东湖宾馆仅对住宿/餐饮客人开放）

湿地观鸟

每年 11 月到次年 4 月是东湖落雁景区的观鸟季。到了观鸟季，“走人棋 · 鸟岛”沿湖的树梢上站满了鸬鹚，像一个个逗号挂在树与天的交界线。除了鸬鹚，你可能还会遇到白鹭、戴胜、豆雁……说是百鸟翻飞绝不夸张。

乐园尖叫

要体验失声尖叫的失重感，东湖边的欢乐谷是个好去处。木翼双龙、天地双雄、大摆锤，谁玩谁知道。如果想温和点，就去东湖海洋乐园吧，既能看海底动物，又能近距离观摩高难度的国际大马戏，大、小朋友都能被逗乐。

夜游樱花园

每年 3—5 月，东湖樱花园是人气最旺的地方之一，五重塔前拍照“打卡”是游客的首选。相较于白天的人群熙攘，夜游樱花园是另一番体验。9000 套灯组齐亮，火树银花，如梦似幻。

花式玩水

东湖水域面积共 33 平方公里，玩水方式太多了！在东湖听涛泳场与大自然亲密接触，在玛雅海滩水乐园和东湖海洋乐园水世界里坐上彩虹滑梯，在东湖帆船公园里变身帅气船王，在武汉水上运动学校体验桨板上疯狂抖腿，或者登上东湖游船安逸地漂在湖面上……

发现《离骚》

传说屈原流放楚地时，行吟泽畔，与东湖结下了不解之缘。为了纪念这位爱国诗人，东湖听涛景区内建有一个以屈原为核心的景观群落。傲然矗立的屈原雕像是不少游客的“打卡”点，雕像背后的行吟阁青瓦翠檐，春季阁前樱花盛放，格外浪漫。屈原纪念馆陈列着文献、碑刻、漆器，以立体的方式，带你细读浪漫主义诗人屈原的一生。

东湖 24 小时

7:00

从东湖风景区老大门入，开始听涛景区游览

游“听涛”遇见“东湖之父”

从东湖风景区老大门入，右边就是小梅岭，这是东湖最早种植梅花的地方。继续向前，会看到一个“海光农圃”的牌坊，那里是东湖风景区的前身。至于前尘往事里藏着什么，去周苍柏纪念室和周小燕纪念室逛逛就知道了。

穿过荷风桥就能看到行吟阁，阁名取自屈原的《楚辞·渔父》，这是一座位于圆形半岛上的塔楼，可登高远眺。阁前有屈原立像一座，想深入探究，不妨去屈原纪念馆逛逛。

沿着曲径回廊来到“碧潭观鱼”，对着满池锦鲤，许个美好愿望。不远处的长天楼，建于 1956 年，是当年毛泽东主席接见国际友人的会客厅，一楼常设毛主席图片展。

最后抵达东湖海洋乐园，玩水，观马戏，看海洋动物与萌趣飞鸟，这儿是亲子娱乐的好去处。

10:00

乘坐观光车进入磨山景区游览

登磨山“打卡”《最好的我们》取景地

在“湖光序曲”驿站搭乘旅游观光车（40 元 / 人，当日不限次数）抵达磨山南门后，开启磨山观光旅程。

梅园、樱花园离南门最近，1—2 月赏梅，2—4 月赏樱。赏花结束后，可去附近的欢乐丛林游乐园“打卡”“东湖之眼”摩天轮。

若想体验更多磨山风光，去磨山南门换乘观光车，在“磨山挹翠”驿站下。

磨山是东湖最具人文气息的景区，可在山峦起伏间爬山观景，领略楚风雅韵。

前行约百余米，迎来气势恢宏的楚城，湖面水门是仿照楚国都城——郢都纪南城城门所建。

顺着台阶登上楚天台，在山顶眺望东湖。台内展出的楚国出土文物值得一看，还可欣赏编钟乐舞表演。

下来看见千帆亭，这是电影《最好的我们》取景地，这里的观景视野极佳，适合吹风小憩。

向东不远便是朱碑亭，1954 年朱德畅游东湖后说：“东湖暂让西湖好，今后将比西湖强。”此亭便是为纪念朱德而建，匾额由郭沫若题写。

12:00

午餐时间，
水上享用美食

结束了磨山游览，午餐有五种选择。

·如果是讲究私密的商务宴请，推荐郊野道上的曲港听荷·西埂餐厅，默多克、雷军等大佬都来过，吃饭饮茶，荷塘环绕，但吃饭需提前一天预约。

·如果喜欢湖北家常菜，可去中科院武汉植物园旁边的“醉香隆”或“翠竹园”用餐，都是老牌农家菜馆，餐位充足且可提供水上用餐的体验。

·如果是多人团建，推荐“农家花园”，临湖二进四合院，溪流潺潺，私密包间、露天餐位都可选择。

·如果追求高性价比的农家菜，“厨嫂当家”是不错的选择。

·如果喜欢小众料理的独特用餐体验，推荐去大李文创村，东湖 177 艺术餐厅将美术馆搬进了餐厅，或者去咖啡厅点一杯手冲咖啡，来一份简餐。

13:30

乘坐观光车，抵达吹笛景区（马鞍山森林公园）游览

自由 BBQ（户外烧烤）

午餐结束后，可回磨山南门搭乘观光车，抵达马鞍山森林公园南门，开启吹笛景区观光旅程。

吹笛景区山峦起伏，建议在南门外租一辆单车游览。烧烤乐园里享受 BBQ，网红桥随风摇晃，太渔桥边同油菜花、向日葵合影。

若想看水泽风景，去东湖国家湿地公园，在那里你能体会到“东湖是海”。继续前行，还有全部用竹子搭建的迷宫“毕山竹影”和由天然山丘改造成的儿童乐园。

15:30

乘坐观光车，抵达落雁景区

搭乘观光车，抵达“落霞归雁”驿站，开启落雁景区的游览。

落雁景区拥有最具野趣的东湖风光。雁洲索桥全长 120 米，人走在上面如水上漂。芦洲古渡四周古木参天，乌篷船诉说着故人往事。九曲桥如同仙境一般，桥面水雾缭绕，行走其间可收获别样的浪漫与梦幻。

每年 11 月至次年 4 月，落雁景区“走人棋·鸟岛”会迎来万只候鸟，景区内设有专门的观鸟栈道和亲水平台。

16:30

搭乘观光车，抵达白马驿站
躺在“荷包蛋”里拍照，和高铁竞速

这是东湖绿道二期的重点特色景观，“桃花岛”上有多个趣味雕塑，其中荷兰艺术家创作的“荷包蛋”是网红“打卡”点之一，10 个“荷包蛋”躺在东湖畔，航拍特别有趣。

“高铁竞跑”巧借环境，白马驿站与武汉站直线距离不足 1 公里，在此设计了一个 100 米的跑道与高铁线平行。高铁呼啸而过时，你可以和它“竞速留影”。

17:30

晚餐时间

白马洲头附近的濮锦壹品轩，可提供住宿，不仅美食撩人，还自带 120000 平方米的花园（面积相当于 16 个标准足球场）。

19:00

游船 / 夜跑 / 乐园，夜游东湖花样多

如果喜欢安静，晚餐后可打车去大李村，有特色民宿可供选择。

也可以打车返回听涛景区，那里住宿选择更多，而且 14.5 公里的“听涛画卷”景观灯点亮后如梦似幻。如果决定留宿听涛景区，翠柳村、湖滨客舍、东湖宾馆都是不错的选择。

睡前的休闲时光：

· 沿湖畔慢跑。

· 去楚风园码头搭乘东湖游船 · 夜游线（全程 45 分钟）。

如果喜欢热闹，晚餐后可直接打车去武汉欢乐谷（夜场到 21 点左右）或武汉玛雅海滩水公园（6—9 月开放），之后留宿玛雅嘉途酒店，结束一天的温馨旅程。

东湖 365 天

1月

东湖灯会

听涛景区梨园大门到“碧潭观鱼”沿线可赏花灯，年味浓厚，适合全家出动。

2月

东湖梅花节

梅花在每年冬春之际开花，在武汉，东湖磨山是最佳观赏地。

3 月

东湖樱花节

近万株樱花可开至 4 月，夜晚东湖磨山樱花园亮灯，给游客别样的赏花体验。

东湖研学

“东湖研学课堂”开学，中国地质大学教授带队，让孩子们在大自然里学习探索。

4 月

武汉马拉松

东湖绿道是“汉马”必经之地，碧水蓝天、绿树红花，堪称绝美赛道。

牡丹花会

东湖牡丹园是湖北最大的牡丹专类园，3 万余株牡丹 4 月花开最盛。从 2023 年开始，牡丹园平日免费开放，满园盛景，四季共享。

大李创意生活节

集结全国手作达人分享美好事物，还有线下民谣音乐会可参与。

5 月

国际博物馆日

湖北省博物馆在“5·18 国际博物馆日”前后会举办系列讲座和活动。

东湖玫瑰节

落雁景区玫瑰品种繁多，每年“五一”前后花开最盛。

6 月

武汉市水上马拉松

全国性公开水域游泳盛事，和高手过招。

东湖荷花展

磨山荷园会展出国内外荷花品种 700 余个。

东湖沙滩浴场 / 东湖海洋乐园欢乐水世界 / 东湖玛雅海滩水公园

每年 6—9 月开放，开启武汉水上狂欢节。

7月

东湖帆船系列赛

全国帆船高手齐聚东湖，体验“等风来”的乐趣。

8月

东湖造浪节（跳东湖）

以滑板、BMX（小轮车）等方式跳入东湖，是年轻人的入夏仪式。

9 月

武汉植物园观睡莲

植物园睡莲展示区占地面积约 5000 平方米，珍品 200 余个。

东湖园艺绿雕展

能工巧匠们相约东湖，将绿植塑造成艺术作品，山水是最天然的画布。

10 月

绿道升旗

每月 1 号的 7：30，国旗在楚风园广场准时升起，国庆节时更为隆重。

大李村文创节

30 多位匠人齐聚大李村举办文创市集。

11 月

武汉欢乐谷万圣节

鬼屋挑战你的视觉神经，还有全民 COS（扮装游戏）邀你一起玩。

12 月

落雁观鸟季

“走人棋 · 鸟岛”是落雁景区最佳观鸟地，百鸟翻飞的胜景尽收眼底。

欢乐谷灯光节

互动光影秀，游客在灯海里遨游，持续到次年 3 月。

东湖国际美食文化节

招募全城吃货，吹响美食集结号，甄选最优质的东湖餐厅。

东湖·美的维度

山水湖泽，活色生香，每个人都能在东湖找到自己的玩法。

有人每日晨起，用皮划艇开启东湖的一天；有人把民宿开到磨山道的丛林边，享受傍晚的微风；还有一群年轻人从都市回归田园，开启了手作文创的春天。

于是，我们从自然、人文、悠游、赏味、运动、赠礼、栖居七个维度，带你走进东湖，感受东湖的美。

自 然 之 美

东湖水泽

如果说，东湖是城市里的乌托邦，这片辽阔水域就是它自由流淌的灵魂。

东湖水域面积 33.63 平方公里，约相当于 4710 个标准足球场。

早期因为建堤、划鱼塘，东湖被分为郭郑湖、汤菱湖等 11 个子湖，其中郭郑湖最大，水果湖最小。周边密布了 44 个湖边塘，约 1.2 亿立方米的水容量，能放下两个马尔马拉海（世界上最小的海）。

在许多人看来，东湖就是武汉的海。不仅因为湖面平阔，就湖岸线来说，东湖确实很像海。

东湖岸线曲折，岬湾交错。伸入湖中的半岛有 120 多个，独立于水中的小岛有十几个，还有随着湖水涨落出没的“浪淘石”。

湖底超级平坦，像个大澡盆子。北浅南深，最深 6 米。

“澡盆子”里的鲢鱼和鳙鱼最多，草鱼、鲤鱼、鲫鱼也有，甚至还出现过水獭。如果想看好看的小鱼，可以去菱角湖和汤菱湖找找，那里有散发着红蓝色金属光泽的雄性高体鳑鲏。

随着武汉东湖变成了“世界东湖”，东湖水也迎来了近 40 年来最好的水质。

2019 年，东湖最大子湖郭郑湖的水质首次监测到Ⅱ类，这意味着正常处理后的东湖水可以饮用；2020 年，东湖 80% 的水域水质稳定在了Ⅲ类，能放心游泳、养鱼虾；2020 年 11 月底，水利部盖戳认证：

东湖以 96.77 分的高分通过全国示范河湖建设国家验收，是全国首批 17 个示范河湖中唯一的城中湖。

成绩背后有无数人看不见的努力。

要想水质好，首先要解决污水直排问题。武汉主城区共有 12 座污水处理厂，其中 4 座在东湖周边，只有让生活污水不再进入东湖，才能真正从源头改善水质。

每天，一条深层污水传输隧道在东湖水下运作，它将半个武昌城的污水送进全国规模最大的污水处理厂——北湖污水处理厂。

解决了污水，下一步就是处理淤泥。

湖底淤泥是由小动物的粪便、遗体和残饵不断积累，混合湖底泥土沉积而形成的。清走淤泥，就清除了重金属和细菌滋生的温床，能让水质极快得到改善。

2021 年的清淤计划中，郭郑湖、庙湖、菱角湖、喻家湖、后湖等

5 个东湖子湖的总清淤量为 217.15 万立方米，能装满 1000 个标准游泳池。挖出的东湖淤泥脱水固化后，用于回填道路路基或者种树。

2011 年来，东湖还做了两件大事——和长江连通、和“五湖”连通。东湖通过港渠入江，并且和沙湖、北湖、杨春湖、严东湖、严西湖 5 个湖泊贯通，东湖的子湖们也互相连通，东湖水“活”了起来。

和周边兄弟做邻居后，东湖的防汛能力也大大增强。2020 年汛期，东湖承接了周边 132 平方公里地区的水，吸纳了近 1 亿立方米雨水，对缓解汛期武汉内涝功不可没。

水质净化后，水下生态自然就丰富了。

去绿道鹅咏阳春感受最明显，透过湖水往下看，如一片“绿野仙踪”，东湖“水下森林”已初现雏形。“水下森林”由沉水植物组成，一方面可吸收磷，另一方面可恢复东湖生态循环。目前东湖的“水下森林”已有 320 多万平方米。

东湖水下种草也有讲究，浅水区由工人直接下水栽，在深水区，工人先将水草分成簇，再在根部包上泥块后一簇簇放入水底，用竹竿将水草根部压进淤泥中。最后往水里投放螺蛳、河蚌、幼鱼等。

一个湖相当于一个小世界，大鱼吃小鱼，小鱼吃虾米，虾米吃浮萍。鱼多了，水鸟就来了，人也就跟着来了。

在东湖，人是游客也是主人。东湖实行全民河湖长制，人人都是东湖的“管家”。比如，华侨城小学的师生和太古可口可乐公司的员工会一边亲近、观察东湖，一边给东湖的水做“诊断”。

河湖长制成了我们亲近东湖的另一种方式，除了站在湖边吹风听浪，你也能用自己的力量去爱护它。

【东湖亲水点推荐】

东湖听涛泳场

地址：东湖听涛景区

凌波门栈桥

地址：东湖风景区东湖南路武汉大学凌波门

九曲桥

地址：东湖风景区落雁景区内

华侨城生态湿地公园

地址：东湖绿道湖中道

东湖观鸟

一只只蹼划开静谧的水面，一声声鸣叫打破初冬的宁静，这是每年冬日候鸟回归武汉的信号。

每年 10 月到次年 3 月，都会有数以万计的雁鸭类鸟群从遥远的西伯利亚、内蒙古等地出发，跨越半个中国来到武汉栖息越冬。其中，最重要的观鸟点就是全市第二大城中湖——东湖。

东湖水域广阔，岸线曲折，群山环绕，半岛和岛屿星罗棋布。植被覆盖面积占整个地区的 81.93%，植物种类十分丰富，湿地生态环境极好。宽阔的水域和大片的植被，自然吸引了大批鸟类来此过冬。

于是，冬日去东湖，你能看到鸬鹚停歇于东湖绿道的池杉枝头，烟雨朦胧，如同一幅油画；自带“烈焰红唇”的红嘴鸥在听涛景区的水面上翻飞，坐在湖边，可收获云南洱海同款的观鸥体验；绿头鸭浮动在落雁景区的水面，静静围观着岸上拍摄婚纱照的新人们……这样独特的风景，是武汉冬日才有的画面。

其实除了冬天，四季来东湖，都有机会遇见可爱的鸟儿。武汉现有观测记录的鸟类达到 430 种，占中国鸟类名录近 3 成，而其中有 248 种就在东湖有记录。也就是说，全国近 1 / 5 种类的鸟，你都有机会在东湖遇见。

“鸟中大熊猫”青头潜鸭，全球仅存 1500 余只，其最主要的繁殖栖息地就是武汉，其中就包括东湖。

在东湖最热门的观鸟目的地落雁景区，345 亩的湖边半岛上，生

长有 100 多种植物，为鸟儿们提供了优质的栖息地和食物来源。“走人棋 · 鸟岛”是鸟儿们的家，日落时分百鸟翻飞的场景，被誉为“落霞归雁”。

曾有博主在微博上分享观鸟的震撼记忆：“我大学是在中国地质大学（武汉）上的，学校里的南望山上全是樟树。有一年，来了上万只丝光椋鸟，下课铃响时，鸟儿起飞，升腾到空中，像海浪，又像波涛。”

中国地质大学（武汉）靠近东湖，鸟儿也会循着它们最爱的树木——樟树，来到东湖栖息觅食。在东湖听涛景区梨园里，有一片密集的樟树林，也时常能看到丝光椋鸟的身影。

鸟儿出现在城市各个角落，为生活带来惊喜彩蛋，这是生活在武汉所拥有的美妙乐趣。

【东湖观鸟点推荐】

听涛景区

冬天，听涛景区的九女墩附近时常能看到红嘴鸥飞翔。

落雁景区

“走人棋 · 鸟岛”能看到黑水鸡、白头鹎、小䴙䴘、喜鹊、珠颈斑鸠等鸟类活动，秋冬季节还有大量鹭鸟越冬。

中科院武汉植物园

四季观鸟皆宜，春秋季观察迁徙的林鸟最好。

马鞍山森林公园

夏季看鹭类，秋冬看鸭类，南部的山地是观察猛禽的好地方，鹰、隼等十多种猛禽都有观察记录。

【东湖观鸟提醒】

· 不要单独前往偏僻的环境，在水边观察要格外小心。

· 不要穿颜色鲜艳的衣服，最好选择灰、黑、蓝、绿、迷彩等和自然环境颜色相似的衣服。

· 不惊扰鸟类，不随意喂食。保护环境，不乱扔垃圾，不攀折花木。

东湖植物

北纬 30°，是一条神奇的纬线，珠穆朗玛峰矗立在此，埃及的尼罗河、伊拉克的幼发拉底河、中国的长江、美国的密西西比河，均在这一纬度线入海。

大自然在北纬 30° 留给武汉的奇迹，就是东湖。

101.98 公里的绿道将东湖的四季串起。在绿道上骑行、散步，看风景被收藏在岁月里；和朋友去植物园触摸植物的脉络，感受自然的奇妙；去东湖国家湿地公园遇见 800 多年的古树，冬季时看候鸟迁徙。

来东湖，大口呼吸，感受自然，才是正经事。

东湖国家湿地公园

东湖国家湿地公园地跨吹笛景区、落雁景区及磨山景区东部，几乎包括了半个东湖，有丰富的湿地生态景观。

落雁景区在东湖最东端，距离市区最遥远。大概也是因为人迹罕至，这个只有 345 亩的湖边半岛像是一片原始小森林，大树密布，又有茂盛的水生植物。

这里密集分布着 100 多种植物，除了城市中常见的常绿植物外，还有许多秋季会变红、变黄的树种，比如三角枫、乌桕树、池杉，深秋时节非常美丽。

湖边的大草坪上，能看见南方少见的高大枫树，有一棵 500 岁高

龄的枫树，已被列入武汉古树保护名录。

每到秋冬季，鸬鹚、灰雀等百种候鸟聚集在落雁景区过冬。景区内一处名为“走人棋 · 鸟岛”的湖中小岛，是候鸟们的聚集地，正对小岛的观鸟台，是观鸟达人们的最佳观测点。

有人是为了自然野趣而来，也有人是为了浪漫爱情而来。落雁景区极好的生态环境，使其成为武汉最热门的婚纱摄影取景地。玫瑰园和雁洲索桥见证了爱情，那棵 800 余岁的对节白蜡树和 400 余岁的邻居树被合称为“天长地久”。

吹笛景区，也就是武汉人俗称的马鞍山森林公园，以森林和湿地为主，园内植被主要是由针叶林（马尾松为主）和阔叶林（樟树、枫香、女贞为主）混交而成，濒湖湿地区还有大片池杉林。

猴山有 100 多只猴子生活在此，松鸽坪的 1000 余只广场鸽盘旋

在青山绿水中，林间还有松鼠漫步。

人们坐在湖边野餐，湖风和丛林间洒落的阳光都成了轻快的背景乐。

中科院武汉植物园

中科院武汉植物园（以下简称“武汉植物园”）成立于 1958 年，是中国三大核心科学植物园之一。

武汉植物园的厉害之处在于，除了是公园之外，它本身还是一个科研基地。游园时与你擦身而过的某位“白大褂”，可能就是一位无所不知的“博物君”。

武汉植物园磨山园区坐落于东湖之滨、磨山南麓，面积为 886 亩，现收集保育植物资源 13000 余种。园内建有世界上涵盖遗传资源最广的猕猴桃专类园，占地 4 万平方米，约相当于 6 个标准足球场大小，10 月初猕猴桃挂果，伸出铁网，挂在游客的头顶上。

东亚最大的水生植物专类园里有珍稀濒危水生植物水蕨、水韭等，还能看到沉水植物金鱼藻、黑藻等110种生态型水生植物。华中古老孑遗植物也能在这里看到。

植物园里一年四季都是热闹的。春天兰花、郁金香密集盛开；植物园培育出的“秋荷”，能从5月开到10月；秋冬时节，池杉、梧桐、银杏等纷纷变色，植物园被彩色扮靓。

这里也是孩子最爱的乐园，从植物的生长脉络里，孩子们能触摸到世界的广阔。在猕猴桃专类园遇见“地球上最大的猕猴桃博物馆”，在景观温室震撼于热带植物的高大，在睡莲池临摹莫奈的油画，都是极好的体验。

中科院武汉植物园

地址：洪山区鲁磨路特1号

门票：35元/人

电话：027-87510783

东湖梅园

今年已经 60 多岁的东湖梅园，是中国最大的梅花科研基地，也是全世界梅花品种最多、最全的培育基地。2 万多株梅花涵盖 340 多个品种，能从 1 月底开到 3 月中旬。

东湖梅园特别值得一看的珍品有花色大红的“老人美大红”、花瓣多达 50 多瓣的“多子玉蝶”、花色黑红或乌红的“乌羽玉”。2020 年梅花节还特别展出了两款蜡梅新品——花色鲜亮、花瓣层叠的“卷被素心”和花香悠远的杯状梅花“丹焰金盘”。

梅园不止新品多，古树也不少。北边的古梅园是全世界古梅最集中之地，那里生长着200多棵树龄百岁以上的梅花，300年以上的有18棵。其中最长寿的一棵已经800多岁，至今仍能每年结苞开花。

传承多年的探梅习俗也滋生了东湖边的赏梅文化。国内唯一的梅文化馆——一枝春馆就坐落在梅园西北角，连廊曲折，砖瓦屋檐，松竹掩映，细雨中庭院里的梅花发出淡淡幽香，全是唐诗宋词里的诗情画意。馆内藏有大量与梅花有关的名人字画、诗书典籍，记录着中国人从古至今对梅花的喜爱。

东湖边今日梅花结香千亩的盛况并非偶然所得，而是源自一步步的人力耕耘。五六十年前，磨山还是郊野，梅园奠基人陈俊愉、赵守边精心运输、保管，这些梅花珍品才得以躲过岁月摧残，从1979年的30多种、300余株的微小规模扩大到今日模样。现在一枝春馆内还有这对梅友的雕像，供游人纪念。

逛东湖梅园，不由得想起《卜算子 · 咏梅》，“待到山花烂漫时，她在丛中笑”，说的是凛然傲雪的梅花，想来也是豁达无私的爱梅人。

东湖梅园

地址：东湖磨山景区

门票：40 元／人

开放时间：8：00 —17：30

花期：1— 2 月

东湖樱花园

三四月的武汉花事纷繁，其中樱花最盛。春暖花开时，樱树枝头上的春意，让磨山漫山遍野都是粉色云霞。

东湖樱花园有 260 亩樱花海，面积相当于 24 个足球场，上万株樱花在这里生长。园内 60 个品种几乎涵盖了地球上所有的樱花种类。东湖樱花园与日本弘前樱花园、美国华盛顿州樱花园并称为世界三大赏樱胜地。

东湖樱花园还见证着两个近邻之间的友好交往。1978 年，日本前首相田中角荣赠予中国 78 株樱花，纪念中日签订友好协议。

周恩来总理的夫人邓颖超将这份珍贵的礼物转赠给了东湖，她说："让它们在东湖生长，这是周恩来生前生活和工作过的地方。"现在东湖樱花园里的万余株樱花，有不少都是那批樱花的后代。

东湖樱花园之所以能从众多樱花胜地脱颖而出，不仅凭借其庞大的规模，还在于营造的匠心。

东湖樱花园最美在入园处。二月兰、迎春花、油菜花、垂丝海棠点缀其间，丰富了樱花园色谱。樱花的粉白之外，加入红、黄、蓝等颜色，整个画面变得跳跃起来。

东湖樱花园内的亭台楼阁以盛唐风姿呈现。五重塔下，斗拱宏大、出檐深远的唐风建筑大气威风。

入夜，园区内的 9000 多套灯组齐亮，使得夜游赏樱也特别梦幻。

东湖樱花园

地址：东湖风景区鲁磨路 665 号

门票：60 元 / 人

花期：2 — 4 月

东湖杜鹃园

位于磨山脚下的东湖杜鹃园，建于 1985 年，占地 170 余亩，有 60 多个品种、80 万株杜鹃。

园内虽不见山岭层叠，但花丛中有一条栈道，长 1.5 公里，游客可扶栏驻足，休闲赏花，省去了郊外爬山赏花的辛苦。园内还修有一条“雾森溪流”景观，溪流自山间沿着地势流至杜鹃园湖畔，迷失在两旁喷出的水雾之间，如梦似幻。

东湖杜鹃园中珍稀种类不少：“粉红泡泡”是美国培育的杜鹃品种，能抗低温，有美丽的深粉色重瓣；“玉麒麟”花瓣粉紫，娇羞浪漫，同样是舶来珍品；起源于中国的“紫蝴蝶”花色较淡，秀丽典雅……各色杜鹃，遍布林间。

每年 4—5 月来东湖杜鹃园赏花正好。自 2015 年起，杜鹃园开放夜游，多套 LED 灯组的布置，让夜晚的杜鹃园也成为一场流动的盛宴。

东湖杜鹃园

地址：东湖风景区磨山景区内

门票：免费

花期：4—5 月

东湖牡丹园

雍容华贵的牡丹是春天的绝色。但近代以前，牡丹的美独属长江以北。牡丹花喜燥怕湿，喜温怕热，武汉并非天然种植地，但东湖牡丹园却创造了“江南牡丹第一园”的奇迹。

1997 年，东湖牡丹园开始建设，从河南洛阳、甘肃等地引进牡丹。东湖花卉盆景研究所历经 7 年的引种试验，最终改写了“自古江南无牡丹”的历史，也为武汉市民增添了春日出游新去处。

牡丹园内有 3 万余株牡丹，涵盖了 9 大色系、10 大花型，计 200 余种品类。其中珍贵品种不少：“春柳”是罕见的绿色牡丹，观赏期可达一个多月；“初乌”是日本培育的舶来品种，堪称“最黑的黑牡丹”；“花二乔”最为神奇，盛开时一半紫红，一半娇粉……

满园韶华，其实也有不少芍药的身影。古时芍药与牡丹并称“花中二绝”，因其与牡丹同属芍药科，花色花型相似，但花开略迟，所以二者同植，常常可以延长观赏时间。

东湖牡丹园

地址：东湖听涛景区梨园广场南侧

门票：非花期免费开放

花期：3 月底—4 月中旬

磨山荷园

入夏后，荷花便是东湖的主角。磨山荷园作为中国荷花研究中心所在地，保存培育国内外荷花品种 700 余个，拥有全世界 80% 以上的珍稀荷花品种，如花瓣达数千枚的“至尊千瓣莲”、直径最大的“舞飞莲”等。

1991 年，中国荷花品种资源圃在东湖设立，建有 830 多个荷花品种池，荷花玉立的风姿遍布山水之间。

说起武汉的荷花，就不得不提到分别有“中国荷花之父”和“中国荷花之母”之称的“荷花夫妻”王其超和张行言。他们研究荷花 40 余年，不仅同期毕业于湖北农学院（今长江大学农学院）园艺系，而且都是中国荷花研究中心教授级高级工程师，更是一对琴瑟和鸣的贤伉俪。

1979 年，正是他们用珍藏的 22 颗莲种重新播种培育，从传统品种“小桃红”中演变出新的品种——两朵“东湖春晓”，从而使武汉荷花育种迈入了一个全新的时代。

40 年弹指一挥间，22 颗莲子早已繁衍无数后代。继二人之后，又有许多荷花爱好者投身于荷花的研究之中，如今，二人的徒弟高长胜已在磨山荷园研究近 30 年。

除了可以赏荷，这里还建有全国最大、最全的荷花科普文化馆，通过视频、图片讲述荷花文化。

磨山荷园

地址：东湖风景区磨山景区内

门票：免费

花期：6—7 月

东湖园林

在东湖，你是否曾被一处处设计精巧的园林风景所吸引？

爬磨山，在楚天台躲阵雨，眼前水汽缥缈像梦境。在听涛景区漫步看落日，在“碧潭观鱼”的栈桥上偶遇吹竹笛之人。骑行绿道，小憩烟浪亭，轻风拂过枝头，也把汗湿的衬衫慢慢吹干……这些总在恰当时间出现的亭台楼阁和植物造景，是一代又一代东湖规划建设者留下的宝藏。800 多年前，南宋文人袁说友为东湖赋诗——

只说西湖在帝都，武昌新又说东湖。
一围烟浪六十里，几队寒鸥千百雏。
野木迢迢遮去雁，渔舟点点映飞乌。
如何不作钱塘景，要与江城作画图。

诗中把东湖风光和西湖作比，可见几百年前，东湖的湖光山色就让人过目不忘。

而让东湖园林景色更系统的，是“东湖规划之父”任桐。任桐生长在江南水乡，深谙园林艺术。1917 年，他在沙湖边仿《红楼梦》中的大观园修建了全中国第一座带有现代特征的游乐公园，并以“琴园”命名。当年，东湖、沙湖为一整片广阔水域，任桐将二者并称为大小沙湖，因此这次大型造景也为东湖增添了诸多园林风光。

园内按四季造景，春有杨柳，夏有荷塘，秋有月榭，冬有梅岭。

建成后轰动一时，成为当时著名的庭院，为当时聚居武汉的文人雅士必游之地。任桐亲自为各处园林命名，把每一处景致与自然属性精彩关联：琴堤水月、金冢桃花、东山残碣、九峰晨钟、卓刀饮泉、泉亭松韵、鸥岛浴波……其中金冢、东山、卓刀、泉亭、鸥岛，在如今的东湖风景区仍有迹可循。

1930 年，民族资本家周苍柏在东湖修建“海光农圃”，他用辛苦积攒的 30 万银圆买下如今的听涛景区原址，把大片荒地改造成远郊度假园林，总面积达到 530 多亩，成为如今东湖城市公园的雏形。

周苍柏不爱金碧辉煌的欧式花园，却痴迷山水田园。在东湖边，他开始了一场理想主义的试验：海光农圃鲜花遍地，森林密布，从国外运来洋果树，种成一片新农业试验田，水稻、小麦、红薯种类齐全，还弄起一个动物园,养梅花鹿、貂、小香猪等,俨然一个豪华野趣农家乐。

海光农圃免费向市民开放，是武汉第一座真正的公园。去海光农圃郊游，拍一张照片挂在家里，一时间成了武汉的潮流风尚。武汉解放后，周苍柏把这座付出了自己无数心血的园林无偿捐献给了国家，更名为“东湖公园”。

煙浪亭

1950 年 12 月 2 日，中南军政委员会发布通令，将东湖公园改称“东湖风景区”，东湖第一轮建设高潮由此开启。

听涛景区最早建成开放。20 世纪 70—80 年代，武汉最热门的一日游目的地便是听涛景区。以世界文化名人屈原为核心的景观群落，屈原塑像、屈原纪念馆、行吟阁、橘颂亭、沧浪亭、荷风桥、听涛轩等，大多建成于 20 世纪 50 年代。同时代的长天楼、先月亭、可竹轩等园林建筑小品，都展现了楚文化的精髓。

现在，东湖风景区里能被叫出名字的园林景观有 120 多处，亭台楼阁、塔桥廊榭、牌坊门楼、会馆驿站……和东湖的山水融为一体，为游览体验更添情致。

磨山的绝对“C 位”（中心位）景观楚天台是仿春秋时期的楚国著名建筑章华台而建，共五层，立于磨山第二主峰，是东湖风景区最具有辨识度的建筑。楚天台四周飞檐翘角挂有 26 个编钟造型的铜铃，大风一吹，铃声清脆响亮。楼内随处可见凤的标志，连屋脊上的垂兽也是凤的模样，具有浓郁的楚文化特色。

除了这座“C 位”（中心位）楼阁，遍布东湖的亭子也是亮点。亭子空灵通透，能让人神游宇宙万物。

老鼠尾半岛上的先月亭，名字取自“近水楼台先得月”，八角重檐舒展，水面银光闪烁，晚风像有了仙气，一切都美得不真实。

磨山脚下的朱碑亭，是为纪念朱德 1954 年视察东湖所建。四角攒尖顶，绿瓦单檐，红漆圆柱，亭前石碑刻有朱德题词：“东湖暂让西湖好，今后将比西湖强。”

落雁景区深处的清风亭，重檐八角，四面开阔。檐下悬挂的一副木刻对联借自苏州沧浪亭：“清风明月本无价，近水远山皆有情。”坐在亭中看日落，可为浪漫情致加分不少。

东湖之美，美在水。亭子能亲水，桥更能亲水。

海光農圃

行吟閣

东湖水面宽阔，两侧相距 30 里，似一片汪洋。20 世纪 60 年代，一筐筐手提肩扛来的垒土筑成听涛景区的十里长堤。1996 年，曲堤东段被改建成桥，因为冬季大雁南归来此栖息过冬，因此桥名“雁归桥”。该桥有 23 孔，时为全国孔数最多的风景桥，比北京颐和园的 17 孔桥还多 6 孔。

雁洲索桥在落雁景区深处画出一道 120 米的优美弧线，成为航拍飞手们最爱的取景地之一。鹊桥建在落雁景区团湖中的港汊内，牛郎织女的雕像坐落于桥两头，桥中建有桷亭，既可远眺团湖，亦可用于牛郎织女相会。清河桥在明末小说家冯梦龙的《东周列国志》中就已出现，2003 年在古桥遗址附近修建了“清河桥 2.0”，作为连接磨山和落雁景区的必经之路。清河桥是赏东湖碧波的最佳地点之一。

除了这些古风园林中常见的景观，东湖风景区也有许多现代园林建筑。

湖北省博物馆由黄鹤楼总设计师向欣然先生操刀，高台基、宽屋檐、大坡面屋顶的仿古建筑三足鼎立，构成一个硕大无比的“品”字。磨山脚下的东湖杉美术馆，掩映在茶园和梅林之间，纯白墙面、极简线条，与枯木庭院造景融为一体。东湖绿道郊野道上的“曲港听荷”由一座养鸡场改造而来，屋顶翻新挑高，原本高度一致的老旧瓦顶变得高低错落。沿湖的亲水栈道采用老旧铁路枕木铺设，临水吹风，十分惬意。

大自然的馈赠与一代代建设者的心血，让东湖成为一座永远看不完的园林宝库。古典优雅和现代简约完美结合，这里永远有“彩蛋”。

【东湖园林景观推荐】

磨山景区

楚城、楚天台、东湖樱花园、东湖梅园、朱碑亭、烟浪亭

听涛景区

行吟阁、海光农圃、先月亭、九女墩、长天楼、东湖牡丹园、寓言公园、濒湖画廊

吹笛景区

太渔桥

落雁景区

雁归桥、雁洲索桥、清河古桥、清风亭

东湖游船

走在东湖边，总是会被水面上悠悠驶过的仿古游船所吸引，特别是日落时分，云霞铺满湖面，像一幅古典山水画。

游船不仅是连通各景区的代步工具，也是人们亲近东湖的新方式。

仿古画舫在湖面上行驶时，太阳隐没在城市的高楼背后，游船在金色的波光中慢慢驶向远方……

只有当你坐进东湖游船，才能切身体会东湖有多辽阔——水汽扑

胡九思 摄

面而来，连岸上的风景都变迷你了，水杉、石桥就像乐高玩具一般。

在游览过程中，还有电子语音全程讲解，为你讲述该航线的风光特色以及历史上的逸闻趣事。

目前，东湖游船共有4条日间线和1条夜游线：落雁—楚城观光线、楚风园—磨山观光线、行吟阁—梅园观光线、落霞水榭—梅园观光线和东湖夜游线。游客能在一天内畅游东湖听涛、磨山、落雁三大景区。

4条日游线风格各异。落雁—楚城观光线最适合拍照“打卡”，它行经落雁、磨山景区，既可欣赏落雁景区的自然山色、葱郁草木，在网红九曲桥、雁洲索桥上留影，偶尔邂逅一只可爱的野生松鼠，又能在磨山索道、“东湖之眼”摩天轮中找到玩耍的乐趣。

楚风园—磨山观光线行经听涛、磨山景区，是人气最高的游船路线，欢乐谷、沙滩浴场、帆船基地都在附近，可以去欢乐谷玩过山车，去沙滩浴场晒日光浴，在帆船基地扬帆起航……青春活力，是夏日出行最佳选择之一。抵达磨山码头，骑行两分钟，还能在电影《最好的我们》取景地千帆亭“打卡”留念。

行吟阁—梅园观光线最具人文气息，沿线是湖北省博物馆、湖北美术馆、中科院武汉植物园，去博物馆领略曾侯乙编钟、越王勾践剑等国宝的魅力，在美术馆感受漆器的精美，到植物园里认识更多神奇植物，快乐满满。

落霞水榭—梅园观光线最适合亲子游，沿线有武汉东湖海洋乐园、东湖杉美术馆等，可以在海洋乐园逗海狮、看大马戏，杉美术馆小而美，逛完还能在旁边巴士咖啡馆里吃个下午茶。

东湖夜游线最具浪漫气息，长达14.5公里的“听涛画卷”随游船航线徐徐展开，游客可以沉浸式体验梦幻夜东湖，在东湖深处看灯光、星光同璀璨，欣赏“楚韵山水，描金东湖”“心随船动，光随水移”的醉人风光。

【东湖游船】

落雁—楚城观光线

票价：40 元 / 人（单程），70 元 / 人（往返）

乘船：毗邻绿道落霞归雁驿站，沿导视牌步行约 2 分钟（落霞归雁码头）；毗邻绿道磨山挹翠驿站，磨山北门对面约 50 米（楚城码头）

营业时间：9：10—16：10（落霞归雁码头），9：40—16：40（楚城码头）

楚风园—磨山观光线

票价：40 元 / 人（单程），70 元 / 人（往返）

乘船：毗邻绿道入口湖光序曲驿站，楚风园停车场旁，楚风园内直行约 50 米（楚风园码头）；磨山北门回行约 50 米（磨山码头）

营业时间：3—10 月　9：00—17：00，11 月—次年 2 月　9：30—16：30（楚风园码头）；3—10 月　9：30—17：30，11 月—次年 2 月 10：00—17：00（磨山码头）

行吟阁—梅园观光线

票价：40 元 / 人（单程），70 元 / 人（往返）

乘船：东湖老大门前行 300 米左转过风荷桥即到（行吟阁码头），磨山梅园大门回行约 100 米（梅园码头）

营业时间：9：40—16：40（行吟阁码头），10：00—17：00（梅园码头）

落霞水榭—梅园观光线

票价：40 元 / 人（单程），70 元 / 人（往返）

乘船：梨园大门进入听涛景区，步行 10 分钟抵达（落霞水榭码头）；磨山梅园大门回行约 100 米（梅园码头）

营业时间：9：10—16：10（落霞水榭码头），9：30—16：30（梅园码头）

东湖夜游线

票价：70 元 / 人（往返）

乘船：楚风园停车场旁 100 米，位于绿道入口湖光序曲驿站背后（楚风园码头）

营业时间：18：00—20：00

优待政策

免费：身高 1.2 米以下（含 1.2 米）的儿童免船票，必须有成人陪伴，无座位，且每位成人限带 1 名儿童。

半价：身高 1.2 米（不含）—1.5 米（含）的儿童，65 周岁（含）以上凭老年证或者身份证，持有效证件的现役军人、残疾人、消防人员、医护人员。

补充说明：以上信息仅供参考，具体执行标准以景区当日披露为准。

特别篇 · 东湖研学

优越的自然条件和悠久的历史文化，让东湖风景区成为一座可以了解自然、读懂荆楚文化的宝库。在这里，你可以走入磨山森林探索自然奥秘，登上楚天台听编钟敲响，在东湖樱花园感受落英缤纷之美，还能走进湖北省博物馆，看遍荆楚大地的珍藏宝物。

近年来，东湖风景区坚持绿色发展理念，自然环境和生态系统持续向好，位于东湖风景区的各类科普公益组织和来自全市的研学教育机构，针对东湖风景区的山、水、草、木、虫、人、史推出了各种研学项目。

东湖研学活动最密集的地方，当属中科院武汉植物园。看花、识果、观鸟，这里一年四季都是自然研学的好去处。武汉植物园常设研学夏令营、冬令营和周末研学课堂。除此之外，还和多种社会机构合作，开展花样繁多的研学活动。

让小朋友们感受四季变迁，赏花是最放松的方式之一。磨山荷园是中国荷花研究中心所在地，建有 830 多个荷花品种池，保存培育国内外荷花品种 700 余个，品种规模在全球屈指可数。东湖梅园是中国四大梅园之一，现有梅花品种近 340 个，其中还有 800 多岁的古梅，至今仍能旺盛开花。东湖樱花园占地 423 亩，有 60 个品种万余株樱花，还有国内罕见的绿樱品种御衣黄和郁金、芳香樱花千里香等。

研学在东湖，除了自然风光，还有人文历史。湖北省博物馆是全国八大国家级博物馆之一，该馆社教部时常有自主举办的科普研学课堂，也接待来自各大研学机构的观光团。

磨山上的化石记录着什么信息？东湖的水里到底有多少种鱼？东湖的历史和武汉的城市发展又有什么关系？来东湖研学发现新知，每一次收获都带你走向更广阔的世界。

人文之美

湖北省博物馆

湖北省博物馆筹建于 1953 年，它坐落在东湖之滨，每次经过黄鹂路，你都能看到它深蓝色的屋檐，鸟群飞过，古典厚重。

它是中国八大国家级博物馆之一，现有馆藏文物 24 万余件（套），以青铜器、漆木器、简牍最有特色。其中出土后只奏响过三次的曾侯乙编钟、以千年不锈闻名世界的勾践剑、现代工艺无法复制的曾侯乙尊盘等 16 件（套）国宝级文物，都在展示着荆楚大地的神奇往事。

馆内藏品以四大镇馆之宝——曾侯乙编钟、越王勾践剑、郧县人头骨化石、元青花四爱图梅瓶——最为著名。2020 年底，在广泛采纳专家、民众的建议后，又新增了曾侯乙尊盘、云梦睡虎地秦简、虎座鸟架鼓、彩绘人物车马出行图、石家河玉人像、崇阳铜鼓，合为十大

镇馆之宝向外推介。

曾侯乙编钟，总重达 2567 千克，重量相当于一辆小汽车，是目前已知全世界最大、最重、音乐性能最好的铜礼乐器，放到现代，就如同拥有了 10 台顶级施坦威钢琴。编钟出土后仍保持着完好的音乐性能，而且它的音域非常宽广，可媲美现代钢琴，你甚至能用它演奏一曲周杰伦的《七里香》。

曾侯乙尊盘，这件礼器的复杂程度，就算特斯拉的创始人埃隆 · 马斯克看了也会直摇头，即便交给 3D 打印机也无法完成。但是在 2000 多年前，湖北随州的工匠竟然靠双手就做出来了。

越王勾践剑，一把 2500 余年前的剑，出土时依然光洁如新、锋利无比，可以轻松划破 20 张白纸。从它身上，你可以看到未生锈的青铜剑的本来面目，也可以由此去想象那些被锈迹覆盖的青铜器，原本该是多么迷人。

云梦睡虎地秦简，可以称之为“秦代百科全书”，在竹简中，人们能看到世界上最早的刑事记录、最早的未成年人保护制度、最早的保护环境的法律条文……先人的智慧和见识，令人惊叹。

虎座鸟架鼓是所有战国历史剧的必备道具，又是楚文化的最佳代表。在当时的楚国，它是权贵们听歌必用的乐器，由两虎两凤组成，凤鸟踩在老虎身上，代表楚人对凤鸟的强烈崇拜。

郧县人头骨化石，距今约 100 万年，学术价值仅次于周口店“北京人”。

元代青花瓷仅有 400 件存世，因为烧制工艺复杂，图案多简单，而元青花四爱图梅瓶不仅四面皆有人像，而且栩栩如生，实为精品。

石家河玉人像出土于天门石家河遗址，堪称史前玉雕最高水平。其人像面庞写实，透露出威严和神秘的气息。

崇阳铜鼓是中国目前所见最早的铜鼓，也是中国仅存的商代兽面

纹青铜鼓。目前全世界发现的商代铜鼓仅两面，一面在湖北省博物馆，另一面藏于日本的泉屋博物馆。

除了十大镇馆之宝，博物馆不时还有特别临展。浮世绘、古代玛雅艺术品、拿破仑文物等，让人不出国门就能欣赏到世界其他文明的优秀艺术品和珍贵文物。

来到省博，除了看文物，还能听文物。曾侯乙编钟出土后，只在重大场合演奏过 3 次，但馆内有编钟复制品，每天两场演奏，带你领略古老乐器的魅力。

沉浸式全息历史剧《遇见·楚庄王》，精彩的文本，加上元宇宙、激光投影、VR（虚拟现实）、裸眼 3D 等多种高科技手段及国内顶级的声光电和音视频设备，共同塑造了如梦似幻的感官世界。

湖北省博物馆

地址：武昌区东湖路 160 号

门票：免费（在“湖北省博物馆”官方微信号预约，凭身份证入馆）

时间：周二至周日 09：00—17：00（16：00 后停止入馆）

编钟演奏：上午 11：00，下午 15：00，每场演出时间 25 分钟

演出票价：单场每人次 30 元（1.4 米以下未成年人免票），军人、学生、残疾人、65 岁以上老年人凭有效证件可购优惠票，每人次 20 元。

爱国主义文化主题景观群

沧浪亭—行吟阁—屈原纪念馆—离骚碑

爱国赤子心 泽畔行吟歌长志

听涛景区是东湖最早向公众开放的景区，山水亭榭之间，精妙绝伦的楚文化自成一体。以屈原为核心的爱国主义景观群，历久弥新，散发着永恒的魅力。

行吟阁得名于《楚辞·渔父》“屈原既放，游于江潭，行吟泽畔”句，它是一栋三层方阁式建筑，四角攒尖顶，飞檐翘角，上覆碧瓦。屈原纪念馆陈列着大量有关屈原的文献资料、后世研究成果及书画作品，小花园内遍植《楚辞》中的各类植物，“香草美人”的浪漫情怀，俯拾皆是。

游览整个听涛景区，可以将屈原的一生重走。

海光农圃—苍柏亭—周苍柏纪念室—周小燕纪念室—德佑剧场—“春到东湖”铜像

拳拳报国意 慷慨无私为家国

提起近代东湖，有一个名字闪闪发光，那就是被誉为“东湖之父”的周苍柏先生。20 世纪 30 年代，周苍柏立志建设一个广大民众游玩

的健康休闲去处，1930 年，“海光农圃”落成。1949 年，他无偿捐出“海光农圃”，作为给新中国的赠礼，“海光农圃”也更名为“东湖公园”，由此奠定了东湖风景区的基础。

周家人一生都在践行着报国壮志，周苍柏先生实业救国，晚年捐出亿万家产；周苍柏之女周小燕女士在抗战时期高歌《长城谣》，桃李满天下；周苍柏之子周德佑烈士捐躯赴国难，英魂长存。

2008 年，听涛景区内修建起“苍柏园”，“周苍柏纪念室”与“周小燕纪念室”坐落其中。德佑剧场为纪念周德佑烈士而建，成为东湖又一个城市共享空间。

东湖宾馆—长天楼—东湖樱花园—友谊桂花林—朱碑亭

新中国诞生 风起潮涌东湖情

在建立新中国的新征程上，无论政治、外交，还是经济建设，东湖都曾作为重要的舞台，见证历史。

东湖是毛主席一生中继北京中南海后居住次数最多、居住时间最长的地方，毛主席先后在此接见了来自 64 个国家的 94 批外宾。其中，在长天楼举行了 27 次会见，长天楼一层常年举办“毛泽东与东湖大型历史图片展”，展现了毛主席对武汉、对东湖的深厚情谊。

1979 年 4 月，日本前首相田中角荣赠送给邓颖超女士 78 株日本名品樱。如今，昔年的樱花国礼在东湖樱花园开成花海，吸引着中外游客一年一度的浪漫赴约。

自 1979 年起，来自美国、英国的游客在磨山友谊桂花林种下雪松、红枫、桂花等友谊树 300 余株，传为佳话。而为纪念朱德总司令而建造的朱碑亭青松绿桂、红柱碧瓦，正是俯瞰东湖景致的好地方。

岁月的车轮滚滚向前，这段永不磨灭的光荣往昔，东湖既是参与者，也是见证人。

东湖绿道—郭郑湖水上赛场—东湖新城

走进新时代 强国新声看东湖

2017 年，全长约 102 公里的“亚洲第一绿道”东湖绿道全线贯通。它是国内首条城区内 5A 级旅游景区绿道，被联合国人居署列为“改善中国城市公共空间示范项目”，建成开放以来，先后接待过英国前首相特蕾莎·梅、德国前总理默克尔、联合国副秘书长等重要外宾。

习近平总书记五次考察武汉，每次都选择住在东湖。“绿水青山，就是金山银山。”东湖经济与生态的协调发展、自然与人居的和谐共生，就是这句话的最好注解。

2018 年 4 月，习近平总书记与印度总理莫迪会晤期间，同乘“东湖号”游船，畅游于东湖碧波之上。2019 年世界军人运动会期间，东湖化身世界最美山水赛场，承办多场重要水上赛事，东湖的独绝气质让中外来宾赞羡不已。2020 年 3 月，习近平总书记在东湖新城社区慰问群众，抬头仰望，向楼上群众挥手问好，温暖一幕定格历史。

踏遍青山人未老，风景这边独好。任时光变迁，世界名湖、人民乐园的美好图景将永远鲜亮。

大李文创村

大李文创村在磨山景区附近，毗邻中科院武汉植物园，对面是马鞍山森林公园，距离市中心车程半小时。

大李文创村是个奇妙的地方，一群对生活有执念的人在这里开店，创造了隐于山林的乌托邦。百年地砖铺设的欧式古堡，手作伯牙、钟子期同款七弦古琴……40 多家文艺的小店和乡村的野趣融合，像一个城市中的桃源。

每逢节假日，手作人会在村广场举办文创市集，白天淘手作，夜晚笙歌作乐。

有人赞它为武汉的第二个昙华林，但大李村却更令人惊喜。它在东湖的角落独立生长，在这里，吃、住、玩都有着“结庐在人境，而无车马喧”的独特体验。

东湖 177 艺术餐厅是一个由破旧平房改造而成的地中海风格洋房。满屋子都是设计师淘回来的老物件,还有一整片种满欧洲月季的花园。循着花园的幽香步入，踩着老旧唱片咿呀作响的曲调，像是误入了民国先生的老宅做客。

大李文创村还有一位来自越南的古琴匠人，在“南天坊”参观他手作的古琴，若是聊得投缘，不妨坐下来，花一杯茶的工夫听一首古琴乐曲。

大李文创村

地址：东湖风景区桥梁社区大李文创村

门票：免费

东湖杉美术馆

2018 年底开门迎客的东湖杉美术馆，由猪圈、农宅改造而成，红砖白墙，背靠杉树林，藏身磨山茶园间，一开张就成为文艺青年们追捧的“打卡”目的地。

惊喜从美术馆门口的小路开始，一座看起来有些年头的钢筋混凝土塔楼赫然矗立。

登梯上去，才发现它就是 1 号展厅。一座废弃的茶厂瞭望塔被改造成了蜂巢万花筒，草木的四季变化被折射得如幻境一般。尚未进入美术馆，展览已经开始了。

进门遇见 2 号展厅，无窗，全白，展出的全是巨幅水墨画。画面抽象，笔墨洒脱，极富冲击力。转头一瞥，展厅外的白墙、枯木、碎石，亦是风景。

4 号展室常年展出长近 20 米的巨型水墨画《驾云起飞》，画前长纱随风舒展，飘逸灵动。

绕到展馆背后，木质栈道融进水杉林里。林间偶有鹭鸶飞过，翅膀划过湖面，掀起阵阵波纹，扩散至密林深处。据说盛夏时节白色鸟群聚集，飞舞在青翠山林间，画面仿若古典中国画。

观展结束，巴士咖啡馆 Latte&Pinecones 值得一去。这个咖啡馆由报废的公交车改造而成，薄荷绿双层巴士是它的本体。公交车上人气最旺的前挡风玻璃位置设计成柔软卡座，捧一杯冰咖啡坐下来，视野绝佳。

东湖杉美术馆

地址：东湖风景区鲁磨路 668 号磨山揽翠内

时间：10：00 —17：00（16：00 停止入馆，每周一休息）

提醒：

- 入馆免费，但须关注“东湖杉美术馆”微信公众号预约，每日人数上限为 100 名。
- 自驾可停车在磨山揽翠景区门口停车场，再沿小路走 550 米即到。

悠游之美

“东湖之眼”摩天轮

“东湖之眼”摩天轮在磨山景区欢乐丛林旁。

白色支架高耸入云，将一个个樱花粉色车厢送上天空。摩天轮的圆盘直径 49.9 米，最高点离地面近 55 米。旋转一圈的时间，正好是 13 分 14 秒。

最酷的是轿舱，自带冷暖空调，不管外面是严寒还是酷暑，里面四季如春。

真皮座椅配蓝牙音响，音乐与风景一路作陪，还能提前备好惊喜，

东湖
之眼

来一场摩天轮上的甜蜜告白。

白天乘坐“东湖之眼”，不仅能 360° 鸟瞰磨山全景，当摩天轮转到最高点时，方圆 20 公里的东湖美景都能尽收眼底。

夜间乘坐“东湖之眼”则另有一番风味。座舱顶部的主光源可根据需求调节亮度。调节氛围灯还可以变换各种色彩，彩色的光效沿着花蕊顶棚晕染至全舱，光线自然柔和，营造出温馨浪漫的气氛。

“东湖之眼”摩天轮

地址：东湖磨山景区南门，欢乐丛林游乐园

票价：30 元 / 人，90 厘米（含）以下儿童免票

时间：9：00—17：00（周一至周五），9：00—18：00（周末及节假日）

“东湖彩旦”观光氦气球

这颗位于东湖绿道湖心岛的观光氦气球，是华中地区首个氦气球，直径23米，球体达6000立方米，可升至百米高空，是东湖新晋观景高点。

整个球体是用氦气充起，依靠浮力上升，不同于传统热气球依靠燃烧气体上升，所以既安全又环保。

整个吊篮有铁网覆盖，安全性极强。只有在晴朗无风的天气，氦气球才可以进行升空体验，整个上升过程十分平稳，全程也听不到任何噪音。

往下望，东湖像一幅油画，徐徐展开在眼前，近处的东湖沙滩浴场、湖中小岛，远处的磨山、武汉欢乐谷，尽入眼帘。

“东湖彩旦”观光氦气球

地址：东湖绿道湖心岛大草坪处

营业时间：9：30—17：00

票价：成人票 180 元 / 人，优待票 100 元 / 人

咨询电话：18107261559

东湖之森 · 飞越丛林探险乐园

东湖畔的飞越丛林探险乐园，集冒险、体育、娱乐、挑战于一体，将这项在树上进行的运动项目变得更加亲民，普通人也可以无惧挑战。

在丛林中惊险攀登，体验心跳加速的刺激感；和孩子一起攀爬游戏塔，从高处滑下，开心尖叫；夜晚漫步在树林中，享受片刻的静谧。

东湖之森 · 飞越丛林探险乐园

地址：东湖风景区磨山景区南门入口处右侧

营业时间：9：00—18：00（17：00 停止售票）

咨询电话：027-88708668

票价：

黄线（儿童线）：80 元 / 人 / 小时　140 元 / 人 / 2 小时

蓝线（玩家入门线）：70 元 / 人

绿线（高空体验线）：80 元 / 人

橙线（趣味滑索线）：90 元 / 人

红线（勇士体验线）：100 元 / 人

黑线（难度体验线）：150 元 / 人

楚城 · 江湖奇谭大型实景沉浸式互动剧游

楚市礼巷大变身，首次作为实景剧游场地，又会带来哪些奇妙的惊喜呢？

有别于传统剧本杀的场地限制，楚市的全新剧游打破室内与外景的隔绝状态，整条街都是戏中景，4000 平方米豪华实景打造沉浸式武侠剧场，一比一还原极具楚文化特色的楚国城池景观，让人如身临其境。

高度自由的游玩过程，专业 NPC（非玩家角色）全程参与，开放式结局自由度超高，值得多次尝试，去追逐那些快意恩仇的梦想，尽情体验另一种人生。

楚城 · 江湖奇谭大型实景沉浸式互动剧游

地址：东湖风景区磨山景区楚市

营业时间：周二至周日 16：00—22：00

票价：根据实时剧本不定

磨山索道

磨山索道位于东湖磨山景区，当你在绿道骑行、在游船里赏景或坐在“东湖之眼”摩天轮上时，都会看见那串马卡龙色的吊厢。活泼可爱的色彩，能照亮任何阴雨天，是游客们最爱“打卡”的景点之一。

磨山索道 1993 年建成，是湖北省第一条索道。2019 年，磨山索道重新改造，最高塔柱加高至 28 米，视野更加无敌。

索道的吊厢共 78 个，犹如彩绳串珠，将沿途经过的千帆亭、朱碑亭、祝融观星等东湖景点串联在一起。索道单程 843 米，乘坐一趟需 18 分

钟，有充裕的时间供你欣赏东湖美景。

乘坐索道上了山，还可以去旁边坐东湖滑道下山。全长 700 米的东湖滑道，可谓超大型滑滑梯，无论是大朋友还是小孩子，一趟下来，都会爱上那种风驰电掣的感觉。

磨山索道

地址：东湖风景区磨山景区内楚天台南侧

门票：成人单程 30 元 / 人，往返 50 元 / 人；儿童（1.3 米以下）单程 15 元 / 人，往返 30 元 / 人

时间：9：00—17：00

武汉欢乐谷 / 玛雅海滩水公园

在武汉，想体验惊险刺激的游乐项目，首选欢乐谷。

武汉欢乐谷位于东湖风景区西北角，上天翻滚，下水冲浪，迅速拥抱肾上腺素飙升的快乐。收获尖叫最多的是过山车“凤舞九天”和亚洲首座双龙木质过山车“木翼双龙”。建议一入园就直奔这两个项目，以减少排队时间。

记得拿上一份园区地图，去“天地双雄”享受跳楼机的失重感。坐上“太阳神车”在高空 180° 旋转，体验“极速飞车”弹射的推背感，在“激流勇进”里水花飞溅，通过 120 米高的“摩天塔”俯瞰东湖。玩完以上项目，恭喜你，值回了票价。

每天 17：00 以后，欢乐谷进入夜场时间。夜幕中，“天地双雄”“皇家转马”“太阳神车”等 20 余项大型游乐项目照常开放。

在夏天举办的 HOHA 电音节，是属于武汉人的盛大狂欢。每年电音节的主题不同，但都会请来不少知名说唱歌手，让人体验湖边蹦迪的燥热感。

每年 10 月底，武汉欢乐谷的万圣节狂欢夜为寒冷的秋冬季节带来一股暖意。专业的工作人员为你化万圣节妆容，四处游走的帅气 NPC，伺机吓你一跳的潜行 NPC，让整个园区充满着尖叫与嬉闹声。

MONTE

欢乐谷
HAPPY VALLEY

到了年末，武汉欢乐谷的新年灯会也值得“打卡”。2020年末，欢乐谷和国际潮流大IP“SMILEY”联手，打造了一个有着2021个笑容“彩蛋”的光影主题乐园。

每年6月，欢乐谷旁边的玛雅海滩水公园准时开门迎客。作为华中地区唯一的大型水主题乐园，玛雅海滩水公园坐拥3米巨浪、8700平方米造浪池。“垂直滑道”和“大回环”是这里最刺激的项目，在浪花里尖叫，在水中尽情造作，直到夏天结束。

2023年春节，东湖风景区管委会联合武汉华侨城集团在武汉欢乐谷共同举办“2023东湖迎春大鱼灯会”，融汇东湖盛景、新春花灯、幸运锦鲤、时尚游乐等众多元素，点亮灯火盛宴，送上年年有鱼的新春祝福。

武汉欢乐谷

地址：东湖风景区欢乐大道 196 号

门票：全天 200 元／人，夜场 120 元／人

时间：日场 9：30—18：00，夜场 17：00—22：00

玛雅海滩水公园

地址：东湖风景区欢乐大道 196 号

门票：200 元／人（儿童 140 元／人）

时间：10：00—18：00

东湖海洋乐园

东湖海洋乐园由东湖海洋世界、东湖飞鸟世界、东湖国际大马戏、儿童乐园、欢乐水世界、魔兽城堡组成。临湖而建的海洋乐园，占地面积 98 亩，依山傍水，环境优美。

每到周末和节假日，这里都会吸引大批家长和孩子前来玩耍。在东湖海洋乐园里走上一圈，感受毛绒挂件们带来的可爱暴击，心情都会轻松不少。

武汉东湖海洋世界

3 万平方米的展厅里，有千余种、万余尾海洋珍稀鱼类。整个展馆由星空馆、热带雨林馆、海底隧道、海洋生物馆、梦幻水母馆、海洋剧场等组成。

走进海底隧道，就像深入美丽的大海，在海洋生物的世界里勇敢探险。美人鱼表演开始前，记得占个好位置，毕竟前排的观众和人鱼公主互动的可能性更大。

水母馆十分梦幻。在灯光照射下，水母宛若精灵，在水里翩然浮沉。海洋剧场里，聪明可爱的海狮正在撒娇卖萌。海狮、海豹表演秀可以免费观看，至于它们的绝技是什么，就先不剧透了。

东湖海洋世界是认识海洋生物最生动的课堂。课本里的小丑鱼成群结队地从眼前游过；传说中慢动作的海龟，到了饭点也会化身灵活“干

饭人”；人鲨共舞的和谐场景是体型庞大的鲨鱼本性温顺的最好佐证。小朋友们在这里真实地感受过海洋生物的美好与神秘，对大海的憧憬和热爱也会更深切。

东湖海洋世界

门票：100 元 / 人（优待票 50 元 / 人）

时间：9：00—17：00

东湖飞鸟世界

一个以鸟类为主题的童话动物公园，园内绿树成荫，鸟语花香，植被随四季变化呈现不同的景致，是鸟儿栖息繁衍的天堂。

在飞鸟世界里逛一圈，不仅可以看到各种珍奇鸟类，还能看到小熊猫、长颈鹿、豚鼠等其他可爱的陆生动物。在园内的投喂驿站和它们亲密互动，看它们吭哧吭哧吃饭的样子，太治愈了！

羊驼是飞鸟世界的“卖萌担当”，它柔软的毛发和温顺的性格，让人忍不住想要抚摸。亮亮的眼睛里满是无邪天真，任谁看了都忍不住要给它一根最甜嫩的胡萝卜！

鹈鹕的大嘴实在引人注目，因为喉囊可以扩缩，它们一口气能吞下 20 斤水。恶作剧时，它们还会把红头潜鸭吃进嘴里，过会儿再吐出来，把饲养员吓得不轻。

小熊猫排着队撒娇找你讨要食物、细尾獴一副乖巧模样在墙脚排排站、孔雀昂着头充当领队与你一起散步……和动物越靠近，越舍不得离开这里。

东湖飞鸟世界

门票：100 元 / 人（优待票 60 元 / 人）

时间：9：00—17：00

东湖欢乐水世界

蜿蜒的回旋滑梯、妙趣横生的喷射水枪、可爱的蘑菇小屋、卡通造型的滚筒游乐设施……水上乐园总是充满了孩子们的欢声笑语。

不只是孩子，大人也能在此找到快乐。海啸造浪池里冲浪，跟着浪花自由摇摆，或者干脆抱着游泳圈躺下来，随波逐流的乐趣谁躺谁知道。

到了夜晚，狂欢的音浪被点燃。俄罗斯大马戏演艺团队的精彩演出，一定能带给你一个最难忘的火热夏夜！

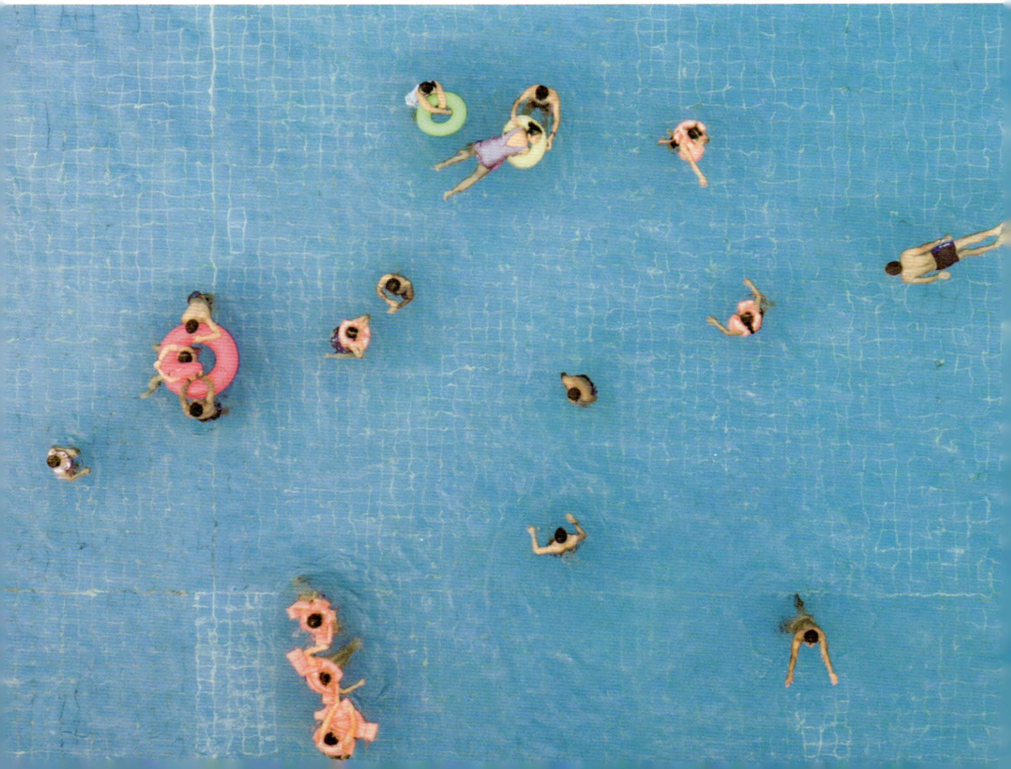

东湖欢乐水世界

门票：60 元 / 人（优待票 40 元 / 人）

时间：6 — 9 月开放

东湖儿童乐园

没有小孩子会拒绝游乐园，更何况是风格如此多样的东湖儿童乐园。

这里有小公主们最爱的梦幻旋转木马、小勇士们最想挑战的急速立环跑车、让熊孩子“相爱相杀”的疯狂碰碰车、探险王来了也要尖叫的“激流勇进”。

在儿童乐园里，孩子们克服恐惧、勇敢挑战后收获的快乐和友谊，在阳光下闪闪发光。

东湖儿童乐园

门票：游乐设施单独收费

东湖国际大马戏

一个能容纳近千名观众的移动剧场，在实景马戏舞台里，来自俄罗斯、哈萨克斯坦等国的 30 余名演员同台演出。他们把西方的经典小

丑形象和中国的杂技元素融合在一起，有令人提心吊胆的大飞轮，也有英姿飒爽的马背女郎。当你看到训练有素的小狗们上台时，一定会为它们的聪明乖巧所折服。

整整 70 分钟的精彩表演，观众应接不暇，来东湖海洋乐园游玩时不要错过。

东湖国际大马戏

门票：130 元 / 人

时间：11：00 / 13：00 / 15：00（具体时间关注景区通知）

东湖魔兽城堡

最新亮相的场馆，这个 8000 平方米的大型“撸”动物现场是东湖送给游客最治愈的礼物。

不同于隔着玻璃“观察”动物的普通动物园，在魔兽城堡里，和动物亲密接触的机会更多，许多散养在园内的动物，更是可以抱起来零距离互动。

走进场馆，“表情包大王”土拨鼠在线尖叫，软萌的外表和粗犷的声线形成了最大反差萌。撒娇的宝宝最好命，外表凶狠的蜥蜴依靠要抱抱的心机和手段收获了不少游客的独宠。

城堡内的触屏墙梦幻唯美，适合拍照“打卡”。不过它可不是“花瓶”，轻拍墙上的小动物，它们会给出不同的反应。友情提示，有的动物被摸太久，可是会翻脸的哦！

室外的蝴蝶谷散发着神秘香味，不知天晴时能否当次“香妃”，引来翩翩起舞的蝴蝶一起晒太阳。小熊猫馆里，小熊猫精准辟谣，它们既不是熊猫幼崽，也不是干脆面小浣熊。虽然隔着栏杆，但也能看

东湖魔兽城堡

清它们憨憨的模样，下次见到它们可就是老朋友咯，不要认错啦！

室外的童趣乐园是小朋友的乐园，有滑滑梯、攀岩地等，还能拿起鼓槌敲打扬琴和鼓，即兴发挥。看到小朋友们骑着矮马经过，不要羡慕，在工作人员的指导下，你也可以尝试牵着缰绳邀请小矮马和你一起散步。

夏季，东湖魔兽城堡还会开放夜游。一场光影与声音交错的大型沉浸式互动体验，带着小朋友们完成解救“守堡天使”毛毛虫的冒险任务。

东湖魔兽城堡

门票：日场 100 元／人，夜场 60 元／人

时间：9：00—17：00（日场）

18：30—21：30（周一—周四），18：30—22：30（周五—周日）

东湖沙滩浴场

武汉人夏天喜欢玩水，东湖边的沙滩浴场是有年代记忆的。

千禧年之初，在内陆城市，用远道而来的海沙搭建一片迷你度假区，是在飞往东南亚沙滩躺还不普及的年代最极致的浪漫。2021 年，东湖沙滩浴场全新升级，加入了更多度假元素。

坐上观光车，从“湖光序曲”驿站到东湖沙滩浴场，10 分钟的车程，一路穿梭在东湖的湖风与树荫里。

穿过检票厅，一进入浴场，视野里满是蓝天、白云和沙滩。嗅着潮湿中略带咸腥的空气，脚踩着细细的沙，不禁要叹出声：啊，是“大海与沙滩”了！

沙子是从福建运来的海沙，比江沙更白，踩起来更细腻。浴场水域埋下了密密的滤网，经过特殊净化处理的水，颜色比圈外的湖水略清透些。

整个浴场是一片 L 形的长沙滩，左边是沙滩浴场的公共玩耍区，右边有一片圈出来的地，是沙滩自营的 Moon · Night 营地，能吃烤肉，也能水上撒欢儿（需收费使用）。

Moon · Night 营地有大小不一的天幕帐篷，也有头顶白方灯的“MoonBox”（月光盒子）。进入营地，选最靠近水的那顶天幕帐篷，美滋滋地想着亲水挖沙两相宜，视线还正对着湖心岛，风景无敌。

沿着沙滩走一走，游玩选择很多。和朋友一起，一个踩水上自行车，一个划透明船，比赛看谁先登上湖心岛。赤脚踩上绿草地，脚心被扎得微麻，满鼻子都是青草的清香。

傍晚 6 至 7 时最舒适，沙滩区可以免费玩排球、羽毛球、撞撞球、滑沙板等项目。

Moon·Night 营地还可以提供烤肉，套餐制的和牛炭火烧烤，每日定量供应。吃一口肉，看一眼远处的天空和小岛，整个人被包裹在湖风里，舒适惬意。

为了防蚊虫，营地没敢开灯，夜深了，难免得打着手机光来烤肉，但丝毫不影响人们享受当下。歪脖子树下，这桌严肃地玩起狼人杀，那桌突然开始大合唱《听海》，不知从哪里又传来了吉他扫弦的声音……

独属于沙滩营地的夜晚，让凡常琐碎也能浪漫起来。

东湖沙滩浴场

时间：10：00—22：00（Moon·Night 营地 16：00 开始营业）

地址：东湖风景区沿湖路 26 号东湖沙滩

赏味之美

中式餐厅

东湖边的餐厅大多为中式餐厅，菜品以热炒、汤锅、创意中餐为主，菜系多为鄂菜。在湖光山色之中用餐的同时，不仅可以品茶小憩，甚至还有切磋棋艺、体验针灸推拿的神奇去处。

东湖 177 艺术餐厅

由小平房改造成的洋房——东湖 177 艺术餐厅偏南欧乡村风格，就像是隐入绿林的古堡。洋房前的一片花园种满了欧洲月季，5 月月季盛开，在此小酌吃饭最惬意。

餐厅共三层，一楼设有画廊，展示本地艺术家的画作，顾客若是

心动，可即刻买走。二、三楼摆放着文玩、古董、名画，从中能找到属于20世纪的物件，据说都是餐厅设计师自己淘回来的宝贝。在三楼的陈列柜里，还放着数百件瓷杯，年代从宋代到近代都有。

餐食以粤菜和鄂菜为主，主打清蒸刁子鱼，鱼的产地为丹江口水库，鱼肉分外鲜嫩。

东湖177艺术餐厅

地址：东湖风景区鲁磨路大李村177号

人均价格：182元

电话：027-87877177

周边景点：东湖梅园、东湖樱花园

推荐菜品：椒盐虾、清蒸丹江口刁子鱼、雪花牦牛肉

东湖花园里 · 私宴定制

东湖花园里 · 私宴定制位于观湖阁旁，可从植物园附近的绿道骑行抵达。

餐厅由三栋别墅组成，一栋作为私宴餐厅，接受两人及以上的预约。内部装修给人柔和温暖的感觉，还有专供客人休息的公共客厅，站在窗边，就能一览东湖风光。另外两栋专用于婚宴、生日宴等多人聚会，适合拍照。

掌勺大厨都是星级酒店出身，顾客能根据菜单点餐，也可以按人数安排菜品。中式餐品西式摆盘，但分量十足。吃饱后去别墅门前的欧式花园散步，花园中种满了月季，春日里最是浪漫。

东湖花园里 · 私宴定制

地址：东湖风景区桥梁社区付家村 148 号

人均价格：200 元起

电话：13036123248

时间：11：00—14：00，17：00—21：00（需提前至少一天预约）

周边景点：中科院武汉植物园、磨山景区

推荐菜品：夹馍粉蒸肉、私房羊腩煲、桃胶炒鸡蛋

凡烟外素食茶室

东湖边的素菜馆，环境幽静，内设庭院，自带宽敞的临湖露台。店里没有菜单，200 元一位，需提前预约。作为一家素食餐厅，餐具颇有质感，菜品的搭配也非常讲究。

素三文鱼外观和口感酷似三文鱼，实际是用胡萝卜和魔芋制成，卤过的豆干有牛肉的口感，火锅里的“肉丸子”绵软又有嚼劲，真身却是大豆蛋白，一蔬一饭都蕴藏巧心思，让人眼前一亮。

餐厅还不定期举办画展，艺术界名家徐勇民、王心耀、樊枫等的画作，都曾在此展出，顾客一边享受美食，还能一边近距离欣赏画作。

凡烟外素食茶室

地址：东湖风景区东湖东路 8 号

人均价格：185 元

电话：027-88773768

周边景点：东湖风光村、湖山道

推荐菜品：养生藕汤、素三文鱼、芹菜酱拌饭

曲港听荷餐厅

曲港听荷餐厅在东湖绿道郊野道上，需乘坐观光车前往。餐厅前身是养鸡场，改造后变为 1000 平方米的建筑，由茶室、餐厅、多功能厅三个单体建筑组成。全景落地窗将风景送入房间，再加上前后都是绿道，8 个池塘环绕，真正实现了 360° 无缝观景。

原建筑高达 20 米的红烟囱被完整保留，视野超神奇。德国前总理默克尔、小米公司董事长雷军等众多大佬都来过。

赏景之外，这里还可以喝茶、吃饭、看电影。三间矩形房屋盘踞交错，东庭吃饭，西庭喝茶，中间是多功能厅。西庭的茶室设有三个包房，一大两小。当时广为流传的默克尔莅临曲港听荷照便是在此处拍摄的。

茶室的茶叶都是老板私藏，以 10~15 年年份的茶叶为主。客人喝茶之余还能把玩古玩，博古架和玻璃柜里陈列着近 50 件古董，最早可追溯到唐朝。

餐厅无菜单，需提前一天预约，由厨师私人定制，菜式不限。食材当天采买，且不买任何半成品，即便是卤菜、糕点，也都是纯手工制作。餐厅的三间包房都不大，最大的一间能容纳 12 人。因为北窗临水，冬看芦苇夏观荷，美景也是佐餐利器。

曲港听荷餐厅

地址：东湖绿道郊野道曲港听荷

价格：698 元 / 位，998 元 / 位，1598 元 / 位

电话：18571496008，13476193209

周边景点：东湖绿道

推荐菜品：老醋海蜇、虫草老鸽汤、黑椒雪花牛肉

欢喜小院

和店名一样，这里有如同家一般的舒适，令人感觉欢喜自在。女主人曾身患重疾，病愈之后，生出看世界的新角度，于是辞去工作，回到武汉，隐居东湖，才有了这家隐世小院。

院里的一砖一瓦都是女主人亲力亲为布置。由于酷爱老茶，她还收集了市面上主流的老茶品种，攒了价值约百万元的茶，顾客可坐在小院里悠哉品茗。店内陈设着从景德镇运回的地砖，刻印着梅、兰、竹、菊图案的屏风模型，带有岁月痕迹的英文画册等，像是个小型博物馆。

除了茶饮、甜点，这里还有私房菜。菜品主打家常滋味，却容纳了天南地北的菜系，比如胡辣汤改良的私房鳝鱼糊，口感酷似鹅肝的江西酱猪肝，平凡料理有了新鲜味，令人欢喜。

欢喜小院

地址：黄鹂路 78 附 35 号

人均价格：149 元

电话：17671636688

周边景点：小梅岭、周苍柏纪念室、老鼠尾

推荐菜品：柴火豆腐、酱猪肝、西红柿炖野生桂鱼

妙语幽香茶餐厅

东湖最早的“网红”餐厅，在东湖老大门旁开了 19 年，但比餐厅更有名的是它的“驴友”老板。整个餐厅贴满了老板的旅行照片，从繁华都市到深山原野，店内还摆满了她满世界淘回来的纪念品。

餐厅主打藏族风，有两层，负一楼以包厢为主，可吃饭、喝茶、玩棋牌。推荐坐在临湖露台，那里视野开阔，满目清新碧绿，别有一番意境。

妙语幽香茶餐厅

地址：沿湖大道 6 号（东湖老大门旁）

人均价格：60 元

电话：13720372772

周边景点：听涛景区、东湖海洋乐园、玛雅海滩水公园

推荐菜品：醉香鸡、清蒸桂鱼、排骨藕汤

慧心雅社

青瓦白墙的餐厅被 40 亩荷塘簇拥，所以，慧心雅社一年四季都以荷塘物产入馔。夏天鲜嫩的菱角和莲米、秋天的九孔莲藕，被厨师呈上桌，吃一个新奇。

这里是东湖
这里有鹅棚

餐厅食材多自种，融合中医药草，回归本味，清淡养生。不仅如此，餐厅内还有艾灸馆，每周三、六都有老中医坐诊，适合颐养身心。

慧心雅社还可品茶，每一间茶室风格都独一无二，占尽湖边最美风光。其中尤推“鹅棚茶室”，由废旧鹅棚改造而成，三面玻璃窗，不仅可一览荷塘美景，而且抬头便是漫天暮色。对了，餐厅还养了几只呆头鹅，常有客人前去赏荷逗鹅。

慧心雅社

地址：东湖风景区付家村 112 号

人均价格：200 元

电话：17786529697

周边景点：中科院武汉植物园、大李文创村

推荐菜品：湖香藕夹、香煎粉蒸肉、带皮黑山羊锅汤

濮锦壹品轩

这是一家酒店里的中餐厅，自带 12 万平方米的花园（大概相当于 16 个标准足球场的面积），饭毕可去花园散步，或享用酒店自带的篮球场、KTV 等娱乐休闲场所和设备。

餐厅对外只设包厢，从包房的窗户望出去，不仅能看到绿道上的行人百态，还能以东湖美景佐餐。

一楼的 28 个包厢散客可以自由入座，没有最低消费要求。二楼的两个大包厢景色更佳，适合宴会聚餐。菜品主打湘菜，食材从周边农户收来，口味清淡。

濮锦壹品轩

地址：东湖风景区雁中路绿道二期

人均价格：100~150 元

coffee

电话：027-86871999

周边景点：欢乐谷、桃花岛

推荐菜品：金汤花椒甲鱼、创意和味牛肉、荷花酥

醉香隆

口碑爆棚的东湖农家菜馆，几乎可说是来中科院武汉植物园附近的游客最热衷去的餐厅。风格古色古香，亭台水榭和长廊下便是一片荷塘，观鱼赏荷，别有一番风味。菜品主打农家菜，口感偏辣。

醉香隆

地址：东湖风景区鲁磨路桥梁村 88 号

人均价格：90 元

电话：13237167777

周边景点：中科院武汉植物园、大李文创村、东湖梅园、东湖樱花园

推荐菜品：醉香鸡、清蒸桂鱼、排骨藕汤

水墨团山

水墨团山是一间承包了整个团山驿站的临湖餐厅，透明软帘自然通透，东湖风光近在咫尺。餐厅共有 13 个包间，室内 5 个，户外 8 个，可品茶、用餐，还可使用棋牌娱乐设施。

户外包房全是临湖木屋，坐在屋内看东湖，像窥得宫崎骏动画里的场景。餐厅主打湖北菜，因为老板是恩施人，店内还有一些恩施特色菜，口味麻、辣、鲜、香皆具。

这家餐厅建在绿道上，也是游客休息的驿站，对游人及绿道工作人员免费开放纳凉，还会送上大碗茶。

水墨团山

地址：东湖风景区绿道二期团山驿站

人均价格：200 元

电话：18086677679

周边景点：马鞍山森林公园、中科院武汉植物园

推荐菜品：清蒸江刁、恩施腊蹄子炖富硒小土豆、藕饼拼藕圆

武汉宴 · 禧樽

东湖宾馆的沁香斋，易主后被重新修缮，改名为武汉宴 · 禧樽。二层小楼掩映在密林水雾背后，独造一方园中之园的绝景佳境。

武汉宴 · 禧樽深得苏式园林美学的精髓，一比一复刻杜月笙老别

墅，择偏辟处，穿林入园，令人乘兴而游。

店中最大程度还原湖北古韵本味，海纳各地珍馐，辅以新的烹饪手法，一切让位于菜肴本身。在山水中，品楚地美味，妙不可言。

武汉宴 · 禧樽

地址：东湖风景区东湖路 142 号

营业时间：10：00—14：00 / 17：00—21：30

电话：027-88876177

人均价格：300 元起

东篱 · 访湖上

餐厅坐落在团山路上，门口车来车往，繁忙异常，小小的门头透露出一股与世无争的气质，有大隐隐于市的意味，正好符合店名里“采菊东篱下”的悠哉。

两层的餐厅占地近 1200 平方米，足够气派，承办婚宴也不在话下。设计师曾在日本留学，现今在东湖边打造出这样一方空间，以新中式风格为主，深棕色为主色调，把整体氛围烘托得沉稳大气。

店内主打创意私房菜，每一季的菜单都是老板亲自敲定，取用当季时令食材，在高水准烹饪的同时，最大限度地保留食材的本味。

东篱 · 访湖上

地址：东湖风景区付家村 105 号

人均价格：200 元

营业时间：11：00—14：00 / 16：00—21：00

电话：18607134020

闲云·鹤公馆

餐厅景观别致，设计用心，像私人园林，像迷你博物馆，也像穿越古今的时光机。

茂林修竹，鸟儿轻声啁啾，仙人采药的石门阴刻刀功老到纯熟。走过青苔覆盖的石阶，一方宽阔的露台将湖光山色一览无余。波光潋滟里，水面初平云脚低，天穹似乎离人更近了。

鹤公馆的食单，不拘一格，又自成体系，珍贵食材与高超技艺的融合，实在让人叹为观止。

闲云 · 鹤公馆

地址：东湖风景区黄鹂路 68 号东湖楚世家行吟水榭

营业时间：10：00—14：00

17：00—21：00

电话：027-88779797

13297961177

人均价格：750 元

异域料理

东湖沿岸，除了中式菜肴，也有异域料理。
在山水间品尝异国美食，妙趣无穷。

Antalya 安塔利亚土耳其风味餐厅

安塔利亚土耳其风味餐厅就在中国地质大学（武汉）北门正对面，店内总共 8 张桌子。

主厨是新疆人，做土耳其菜有十来年了，还在土耳其当过四五年厨师，会做五六十种当地特色美食。咖啡和红茶是店内标配，主打土耳其烤肉。独特的竖式烤肉，厚实的牛肉在烤肉炉上不断旋转，布满油脂光泽，特别惹人馋。吃法和北京烤鸭类似，拿起面饼，把球生菜、黄瓜、烤肉蘸料裹好，口感丰富。

在这里还能品尝地道的土耳其酸奶，咸口，用烤酥的鸡肉洋葱饼蘸着吃，外脆里嫩，咬起来还带点甜香。

这里适合小情侣一起来吃一顿浪漫的异域菜，也适合多人聚会，来一份烤肉大拼盘，大口吃肉，大口喝酒。

Antalya 安塔利亚土耳其风味餐厅

地址：东湖风景区八一路沙湾村 49 号［中国地质大学（武汉）北门正对面］

人均价格：60~70 元

电话：15527203320

周边景点：梅园码头、中科院武汉植物园、磨山景区

推荐菜品：帝王烤肉、萨尔玛、土耳其烤鸡肉卷

POMPEII 庞贝西餐厅

在东湖大李村有一栋由平房改造成的庞贝城堡，游客每次经过都会被其独特的造型深深吸引。餐厅内摆放着许多老物件，彩色马赛克的方形地砖是从上海老洋房拆过来的。

明清时代的木头柜子充当茶几，长得像蜂窝煤的导弹屁股成为装饰品，餐桌椅则是把明清时期的古董椅子改了个妆，复古风中带着一丝异域感。

菜品主打西餐，进口食材，做法别致，只能按照套餐点单。不过下午有单独的法式甜品、咖啡、意面等下午茶，适合坐在花园里小憩，阳光下清风拂面，舒适惬意。

POMPEII 庞贝西餐厅

地址：东湖风景区鲁磨路大李村 180 号

单人套餐 588~788 元

下午茶人均 100 元（法式甜品、咖啡、意面）

电话：17771877708

兰杯居酒屋

兰杯居酒屋地理位置极佳，从梨园大门入，步行 3 分钟即达。外观形似帽子，顶部呈拱形，内部镶上了满天星星，即使白天用餐，也

被星空温柔笼罩。

菜品主打日料，日料必备的刺身、寿司、烤物、炸物、特色料理等全部都有。炸虾天妇罗酥到掉渣，虾肉鲜甜弹软。寿司和天妇罗混搭的鹅肝香酥卷值得一试。滑嫩鹅肝和弹脆鱼子加上沙拉酱，丰富风味与质感挤满口腔。铁板牛舌和咖喱羊排是硬菜，口感独特。

店里还有下午茶，和星级酒店一样配置的三层甜品台，法式小点、小面包和咸点都小巧精致，配两杯冰饮，和东湖阳光明媚的午后特别搭。

兰杯居酒屋

地址：东湖风景区听涛景区内

人均价格：115 元

电话：18171010426

周边景点：听涛景区、东湖海洋乐园、落霞水榭码头

推荐菜品：炸虾天妇罗、鹅肝香酥卷、铁板牛舌

咖啡茶饮

在东湖，不一定要大快朵颐吃一顿大餐，伴着湖畔微风享用下午茶，也特别惬意。这些美好的品茶、吃甜点的去处，不容错过。

红茶几·茶书院

听涛景区内的茶馆，竹子做的篱笆、门檐、柴扉，一如古诗中对小院的描绘。推开门，白色纱幔在庭院里随风飘荡，一棵大树拔地而起。

茶初烹石鼎，客已到柴扉。

红茶几·茶书院主打武夷山红茶，分红茶和岩茶两种。红茶来自

桐木关，是精品中的精品。岩茶更小众，制作方式也更烦琐，适合秋冬喝。

红茶几·茶书院改造自 30 年前的老房子，墙上的字画均出自老板娘女儿之手。坐在院子里，有种生长在自然中的感觉，偶尔还能听到隔壁飞鸟世界孩子的嬉笑声。

红茶几·茶书院

地址：东湖风景区听涛景区异国风情园附近

小鹿斋

小鹿斋是一个喝茶、聊天的私密去处，三面临湖，日式庭院风。

这里正对着珞珈山，看夕阳地理位置绝佳，但店员有更好的建议：“最好看的其实是夕阳照在水上反射到墙上的光。”

店内的茶点，名字都很有意思，透露着老板对东湖的爱。生普叫“青山”，白茶叫“远山”，正是眼前的湖水和远处的珞珈山。

茶点配的是酸口的紫苏梅和甜口的香芋蛋黄酥。对了，香芋蛋黄酥在这里被叫作“日落团”，就着夕阳下肚，太美好。

小鹿斋

地址：东湖东路 8 号（东湖阳光会所高尔夫练习场内）

小楼莲花

主人从云南回来，带回新鲜的茶窝子和别致的火塘文化。茶窝子的茶，不用滤网，多为普洱、龙雀，茶叶的味道较为清淡。店内的每一款茶背后都有独特的故事，比如“左耳”，因设计师左耳听不见而命名，“厚来”则关乎友情。

所谓火塘，就是朋友围火而坐，烤茶听湖。小楼主人每月都会邀请一位神秘嘉宾，与志同道合的朋友一起读书论道。

店内还有诸多小食可选择，如卤肉饭、冰镇毛豆、红茶曲奇等。

小楼莲花

地址：八一路延长线沙湾村 62 号

Latte&pinecones 咖啡

东湖杉美术馆外，由双层巴士改造的汽车咖啡馆总会在武汉人的朋友圈里出现。车身被刷成绿色，遮阳篷下摆着几张桌椅，和背后深绿色的森林融为一体。

一楼是咖啡吧台，二楼是客人座位。公交车上人气最旺的前挡风玻璃位置设计为柔软卡座，捧一杯冰咖啡坐下来，视野绝佳。

小店走精品咖啡路线，有美式、拿铁、dirty、澳白等常见款，也

有耶加雪啡、肯尼亚、黑灵魂三款手冲豆可以选择。咖啡之外，店里也为夏天准备了创意饮品，适合不想喝咖啡的客人。

除了饮品，店里还有巧克力软曲奇和蔓越莓司康两款点心，每天在店内新鲜烘烤。

Latte&pinecones 咖啡

地址：东湖风景区鲁磨路 668 号（磨山揽翠牌坊内）

猿抱子古树茶

这家茶楼藏身于东湖楚风园，一直延伸到湖中央。在团团荷叶的簇拥下，好像一个漂在水上的小亭子，四面环湖，好不惬意。

“猿抱子”其实是一个古树茶生产商的名字，所以这里供应的也全是产自云南自然免耕茶园的无农残的古树茶叶——古树生普洱、红茶、白茶、绿茶等。

猿抱子古树茶

地址：东湖风景区沿湖大道 22 号湖光序曲驿站

抱云轩

这间茶室大多采用落地窗，院内美景和湖光山色都能一览无余。还有较大的茶室，可供多人商务洽谈使用。

店内备有茶服，有兴趣的顾客可以挑选喜欢的服装换上，配上茶饮，气氛正好。店里的青砖茶是湖北特色茶，产茶的赵李桥茶厂可以追溯至魏晋时期。

抱云轩

地址：东湖风景区东湖东路 8 号

栖沚里

这间茶室曾一度成为网络热门“打卡”点。临湖歇脚的木质榻榻米、垂下来迎风摆动的纱幔，都太有度假风情了。大门有点隐蔽，走进来后一排茅庐式茶舍在眼前排开，原来是一座小庭院。

最后面的一间叫“忘我”，令人意外的是，通向室外的临湖茶位还藏着一艘船。原来这是客人送的礼物，店主从事艺术品收藏多年，店内不少有趣的玩意儿都是她的个人收藏。

也是在东湖，店主还开了一家素菜馆“凡烟外”，从食材到器皿都非常讲究。这家茶室也供应素面，汤汁中会加入大红袍，独特的茶食，口感特别。

栖沚里

地址：东湖风景区东湖东路 8 号一楼

树下咖啡

武汉植物园旁的露营风咖啡馆，自带户外露营区，在闹市中享受“都市露营”的悠闲。用一杯咖啡的时间放松自我，找回自由自在的生活态度。

树下咖啡

地址：东湖风景区植物园路 313 号

营业时间：11：00—18：00

人均价格：40 元

电话：18007165803

树下咖啡
UNDER TREE COFFEE CAMPING AND MORE
OPENING
FENG SHUI
是块风水宝地

树下咖啡
COFFEE UNDER TREE
喜上眉梢

东湖婚典

东湖大概是武汉最适合举办户外婚礼的地方，森林、湖泊、草地，大自然是最佳的背景板。

许多新人选择在东湖举办婚礼，不仅因为优美的风景，更因为许多人相识恋爱都与东湖有关。

曾有一对新人在“跳东湖”时认识，女孩扑通一声跃入水中，男孩以为她不会游泳就跳下去“救”她。后来他们总在东湖约会，最后在湖滨客舍举行婚礼时，有一个套圈圈的环节，摆的是“跳东湖”的啤酒。

还有一对新人曾经在武汉上大学，后来去外地工作，但仍千里迢迢回到东湖边举行婚礼，只因为东湖曾见证了他们的青春故事。

东湖珍藏了太多人的爱情。每一次湖面涌起的波光，都像爱人辗转的眼波；每一缕风传来的气息，都是亲密的呢喃细语。

177 艺术餐厅

177 艺术餐厅特别适合举办复古风婚礼。红砖三层小洋房，超大烟囱，特别出片。

洋房前院是一片月季花园，正中心有个水景喷泉，拖着长纱从这里走过，是许多女孩的梦。曾有一对新人在这里办婚礼，两人已经定居北京，特别爱逛故宫，婚礼策划师提取了“红砖绿瓦”元素，在这里给他们设计了一场复古的油画风婚礼。

177 艺术餐厅

地址：东湖风景区鲁磨路大李村 177 号

婚宴价格：2388 元 / 桌起，可容纳 50~300 人

场地费用：6000 元

湖滨客舍

东湖老牌婚礼餐厅，位于听涛景区内，拥有一线临湖的大草坪，一个白色顶棚成为其脱颖而出的重要条件，毕竟户外婚礼最怕下雨。顶棚可遮阴遮雨，缺点就是光线略差。

湖滨客舍

地址：东湖风景区听涛景区湖滨客舍

婚宴价格：3399 元 / 桌起，可容纳 50~500 人

场地费用：大草坪 10000 元，小草坪 6000 元

东湖花园里

东湖花园里可提供婚礼“一条龙”服务，既有3栋别墅作为宴客厅，还有具有16年策划经验的婚礼策划师带领的团队，定下酒席当天就有策划团队开始筹划户外婚礼。

3栋别墅，每栋可容纳200人。外面就是举办户外婚礼的草坪，私密，临湖。婚礼当天，整栋别墅的场地专给新人使用，专人服务，更加放松。

婚礼策划师最推荐在晚上举办婚礼，在东湖边享用晚宴，体验感极好。暖色灯光如月光一般，湖面星光闪耀，风从湖上吹来，每个人的声音都充满幸福感。

东湖花园里

地址：东湖风景区桥梁社区付家村148号

婚宴价格：中餐2580元/桌起，自助餐258元/位，法式分餐599元/位，可容纳

50~600 人

婚礼策划费用：2 万元起

良古湖边餐厅

良古湖边餐厅专用于聚会或举办婚宴。餐厅二楼是一线临湖露台，开阔、视野佳，四季都有美景。一楼则拥有大草坪。如果举行大型婚礼，可以包下两层楼。

良古湖边餐厅

地址：东湖风景区郊野道落霞归雁驿站内

婚宴价格：2899 元 / 桌起，可容纳 50~500 人

场地费用：6000 元起

Dongjun & Shuning

花满山居·精品民宿

花满山居是磨山景区内的精品民宿，每间房都拥有大落地窗，窗外就是森林。

民宿内的场地可承办 40~50 人的小型婚礼，也可以另租赁民宿对面的大草坪，可容纳 150 人。

若包场举行婚礼，可将民宿内的 8 间房一起预订，最多能住 20 人左右。

花满山居·精品民宿

地址：东湖风景区磨山景区内（荷园旁）

婚宴价格：1888 元 / 桌起

场地费用：5000 元起，可容纳 40~150 人

东湖宾馆

在武汉唯一的国宾馆里举办一场户外婚礼，是超有面儿的事情。

东湖宾馆庭院面积 2800 亩，面积大约相当于 116 个足球场。院子里种满了树，所以来东湖宾馆办户外婚礼，就是把自己完全交付给了大自然。

此外，因为东湖宾馆本身非常隐蔽，在这里与亲友相聚，很容易感受到包场的私密。

东湖宾馆

地址：武昌区东湖路 146 号

婚宴价格：3888 元 / 桌起

场地费用：15000 元起

东湖印象婚庆艺术中心

东湖绿道旁的“一站式”婚礼解决方案，如果你是一个想省心且热爱自然风光的人，这个地方能满足你对婚礼的所有想象。

东湖印象婚庆艺术中心聚集了婚纱店、婚礼策划工作室、宴会厅等，从新娘的头纱到伴娘的手捧花再到宴席餐品，这里全包。而且，这里不仅可以承办户外婚礼，还可以提供多种不同风格的宴会厅。

东湖印象婚庆艺术中心选址白马驿站，周边有 1000 多个停车位，非常方便。大厅可同时容纳 40 桌客人就餐，小厅也可以根据个人需求定制。

东湖印象婚庆艺术中心

地址：东湖绿道白马驿站（二期东区）

婚宴价格：2398 元 / 桌起

运动之美

武汉国际马拉松

武汉国际马拉松被跑友们誉为“中国最美赛道马拉松”，自2016年开办以来，东湖就一直是赛程中的必跑路线。2017年东湖绿道二期完工，东湖赛段风景秀丽，空气清新，是汉马“人在景中跑”的最好诠释。

东湖赛道处于武汉国际马拉松的后半程，起自水果湖、东湖之间的双湖桥，止于武汉欢乐谷。全长20多公里，包含了湖山道、湖中道两个主题绿道和部分东湖公共交通路段。

东湖赛段以柏油路为主，道路干净平整，鲜有陡坡。其中湖山道全长6.2公里，一侧是山，另一侧是湖，环境清幽。湖中道全长6公里，栽满池杉的绿道贯穿湖心，视野开阔。

赛道途经凌波门、沙滩浴场、风光村、九女墩、梨园、欢乐谷等景点。一路上有青春洋溢的百年学府武汉大学,有古色古香的亭台楼榭,有浓密参天的成排水杉,有清脆悦耳的山间鸟鸣,有湖光潋滟的光影美学……

在这样的美景里跑步,不管是视觉、听觉还是体感,都是种极致享受。东湖作为武汉国际马拉松的最后一程,给参赛者们留下了印象深刻的美好体验,也让许多选手至今都念念不忘那场“山水画里的比赛”。

在比赛期间,东湖赛段禁止骑行,以维护现场秩序,保障选手、群众安全。东湖分局水上派出所也派出警力,驻守湖边,保障选手的人身安全。

2023 年 4 月,“好汉归来”武汉马拉松再次开跑,第一次参加汉马的何杰在东湖赛段获得全马冠军,这是中国人第一次在汉马全马中夺冠。

武汉水上马拉松

在水里扑腾，是武汉人的狂欢。夏天举办千人横渡长江的“渡江节”还不够，秋冬也要继续“水里浪”。

2017 年，为了满足冬泳爱好者的需求，武汉首届水上马拉松（简称“水马”）诞生了，此后定在每年 10—11 月举行。

武汉人爱冬泳，常去江边玩耍，为什么“水马”不在长江呢？

原来，冬季长江水温较低，下水时间不宜过长。再加上长江风高浪急，水下暗流涌动，在长江举办水上马拉松，危险系数高，也不符

合国际泳联对水温、水质、水文条件等的严格规定。

相比之下，东湖水域条件非常理想。

11 月上旬，东湖平均气温为 14~23℃，平均水温为 25℃，适合开展公开水域的长距离赛事。

2020 年 11 月，东湖以 96.77 分的高分通过全国示范河湖建设国家验收，成为全国首批 17 个示范河湖中唯一的城中湖。过硬实力，让东湖成为举办各项公开水域游泳赛事的首选地。

水上马拉松主要在东湖的最大子湖——郭郑湖内举办，分为 10 公里专业竞技游和 2 公里健康游两组。在 10 公里专业竞技游中，常有国内外优秀选手甚至奥运会 TOP10 选手前来参赛，比赛结果通常只相差几秒，竞争异常激烈，值得围观。

不过即便是高手，也会因为当天水温过低而体力不支，或因没看准浮标偏航，这也是公开水域游泳的有趣之处，充满了不确定性。

2 公里健康游，千人下水，浩浩荡荡，观众能在岸边近距离观赛，为选手呐喊助威。

参加过多次渡江节的老手表示，东湖的水比江水缓，有船只经过的时候，会有浪打过来，很过瘾。

除了竞技的快乐，“水马”也为围观者找乐子。比赛日，长天楼广场会有“水马嘉年华”，玩水枪，逛市集，吹湖风，听民谣，选择多多。此外，比赛间隙还会有帆船、桨板等表演。

2019 年，武汉水上马拉松被正式纳入中国游泳协会常规赛事体系，成为全国性的体育赛事。

2023 年 7 月，东湖听涛泳场升级回归，面向市民游客运营。这座拥有 40 余年历史的“老泳场”焕然一新，引入了皮划艇、桨板、龙舟、赛艇等丰富的水上休闲运动项目，为游客游泳提供了更安全、清洁的公开水域，摇身成为更时髦、更好玩的“亲水乐园”。

桨板、皮划艇、帆船

东湖是专业选手的竞技场，更是普通人的运动场。在东湖乘风破浪，桨板、皮划艇、帆船都是好选择。

一人一桨一板，就是桨板。“旱鸭子”不用怕，新手上桨板，教练一对一板上教学。穿上救生衣，脚腕拴上一条酷似脚铐的魔术贴，即使落水也能第一时间自救。

建议多备一套衣服，因为大概率会落水，这也是桨板的乐趣之一。

高阶玩家把花式落水当乐趣，有时在桨板上做瑜伽，有时在雪天里追逐浪花，不敢下水的游客，在一边观看也能收获乐趣。

皮划艇操作难度稍低，上手就能划。当然，这里说的不是细窄的专业版皮划艇，而是经过改造后底部扁平的休闲皮划艇，基本不会翻船。

岸上热身加学习只需要 20 分钟，下水 5 秒就能平稳驾驶。到了夏天，有些水上俱乐部还会组织皮划艇相亲活动，“就看两人划桨配合度，能节奏统一的，多半能成”。

和皮划艇的竞速相比，在东湖玩帆船，体验的就是等风来的惬意。

第七届世界军人运动会，13 个国家的帆船选手在东湖目睹了等风来、千帆竞发的盛况。法国代表团团长贝尔特兰·热布埃尔感叹：“东湖扬帆，碧水蓝天，感觉像大海一样。”

从梨园楚风园停车场搭乘观光车，10 分钟即可抵达湖心岛帆船基地，103 个帆船、游艇泊位，辨识度超高。目前这里由武汉大海阳光帆船俱乐部负责日常运营，是武汉市唯一可以玩帆船的地方。

抵达帆船基地后，那里有人会教你怎么玩。如果你只在东湖逗留两天，教练一般会建议你跟他一起上船体验。若要自己开船，需要经过 4 天的训练课程，包括理论课和实操课。

当然，还有一种体验帆船的方式——看比赛。每年夏天，东湖会举办如中国家庭帆船赛等大型赛事，郭郑湖沿岸的绿道是观赛的最佳地点。

在东湖玩帆船的乐趣是什么？东湖风浪小，非常适合初级玩家。而对于一位高阶玩家而言，可能更让人心动的是凌晨三四点出船，那时水面被雾气笼罩，看不见周围的房子和树，像梦境一般。

桨板

武汉骐骥体育水上运动俱乐部

地址：东湖风景区东湖南路 13 号

价格：单人体验 158 元 / 人（2 小时），双人体验 298 元 / 组

皮划艇

·中竞体育东湖水上训练基地

地址：东湖风景区东湖路 146 号（毗邻中南医院）

价格：158 元 / 人（2 小时，双休日 9：00—11：00，14：00—16：00）

·武汉骐骥体育水上运动俱乐部

地址：东湖风景区东湖南路 13 号

价格：单人体验 158 元 / 人（2 小时），基础技能训练 399 元 / 人（小班教学，限额 10 人）

帆船

地址：东湖风景区湖心岛帆船基地

价格：俱乐部提供租船服务，1200~1500 元 / 条 / 小时，桨板 160 元 / 小时，帆船体验儿童 60 元 / 半小时，成人 120 元 / 半小时

跳东湖

跳东湖诞生于2010年，源于武汉一支BMX车队的心血来潮。车队的队员们骑着小轮车从东湖凌波门扎入水中，是为了唤起公众对东湖的关注，呼吁大家一起保护东湖。如今，跳东湖与小龙虾一起，成为武汉这座城市的夏季限定特产。

跳东湖每年8月举行，武汉人无惧烈日炙烤，用一千种姿势跃入东湖。专业选手领跳，花式炫酷，空中翻腾。接下来，场地交给想挑战的素人（需提前报名），人们穿上奇装异服鼓起勇气在栈道上奔跑，

在跳台上蹦高，水花翻腾，心花怒放。

每一个湿身爬上岸的人，都像凯旋的英雄。

除了花式跳水，现场还有最酷的青年现场。喝着精酿啤酒，逛着新奇市集，在 DJ 台前被泼溅的颜料砸中，旁边传来高手骑着 BMX 潇洒入湖引发的欢呼声。

最热的武汉，遇上亚洲最大的中心城区城中湖泊，年轻人在这里野蛮生长，当然，也要放肆拥抱东湖。

跳东湖

时间：每年 8 月

地点：东湖风景区磨山楚城

东湖康养

毛主席曾不止一次提及“东湖真好”，武汉市民对东湖的好，更是如数家珍。

东湖是世界级城市绿心，10000 余亩葱郁植被，82% 的绿化率让城市大口呼吸；33 平方公里的水域，让东湖成为水上运动的乐园；全长 101.98 公里的东湖绿道彻底改变了市民的休闲方式，让骑行成为风靡一时的运动。

来东湖运动，24 小时都适宜。清早，晨光熹微，湖山道上，骑行者会沉醉于寂静山间的脆生鸟鸣，心中轻快。正午时分，日头正烈，绿道两旁的树把暑气掩去了一半。跑在柏油路上，没有刺眼的阳光，只有湖面反射出来的潋滟湖光。暮色四合时，沿湖一线宛若海岸，日头浸入湖水，彩霞大片铺开，一头扎进这幅水天合作的油画里，清爽畅快。

除了骑行、跑步，东湖还能提供更多休闲运动，比如钓鱼。水域辽阔，树荫蔽日，东湖是垂钓爱好者心中的圣地。虽然大部分区域禁止野钓，但有 5 处渔场可合法垂钓。不管你是想坐在湖边神游一天，还是期待自己收获满满，都能够按需选择。

除了钓鱼，在东湖还可以体验划龙舟。每年端午节，听涛景区郭郑湖水域都会举行“同城双星”龙舟友谊赛。来自武汉大学和华中科技大学的龙舟队员奋勇争先，拼的是速度，考验的是默契。要是听着他们激情洋溢的鼓声，心里也痒痒起来，可以约朋友去俱乐部租船体验一把，感受齐心协力获取胜利的喜悦！

钓鱼

· 落雁岛西埂垂钓中心

地址：东湖绿道落雁路曲港听荷游客服务中心

时间：7：00—17：00，18：00—21：00

票价：钓费根据鱼投放量、天气、气压、鱼种、钓位而定，当天会有公示牌公示

预约电话：18607148205

· 桂氏水产娱乐中心

地址：东湖湖光村落雁岛小路（二渔场南约 150 米）

时间：8：00—17：00

票价：论斤计价，刁子鱼 16 元／斤，普通鱼 10 元／斤

预约电话：13886101600

· 九峰渔牧场

地址：后湖水域（马鞍山森林公园东岸和南岸）

时间：8：00—17：00

票价：20 元／张，手杆每人一票一杆，海杆类两票一杆

预约电话：18062699447

· 滨湖社区

地址：滨湖社区上下层

时间：6：00—16：00

票价：120~150 元／杆

预约电话：13657202000

· 桥梁社区

地址：鲁磨路植物园路无名钓鱼台

时间：7：00—19：00

票价：1. 论斤计价，精养鱼 15 元／斤； 2. 大鱼塘钓鱼，120 元／天

预约电话：13807198780

划龙舟

武汉骐骥体育水上运动俱乐部

地址：根据实际情况而定

电话：13072721988（张教练）

费用：150 元／人（3 小时，包含场地、教练费）

赠礼之美

古琴

2005 年，越南人阮延俊来汉读书，专业是中国古代文学，后来迷上了中国古琴。于是，他在东湖边租下院落，自学古琴制造，一做就是十余年。

阮延俊所制作的七弦古琴，乃伯牙、钟子期同款。制作一把至少要两年，纯手工打磨，几十道工序。所选木料也有讲究，百年老木才能彻底失去水分，不再变形。

阮先生好客，中文也好，即便不买，路过也可进去，听他弹奏一首古曲。南天坊古琴工作日闭门制琴，建议周末去。

南天坊古琴

地址：东湖风景区大李村 219 号

价格：15000~20000 元

青梅酒

循着季节吃果子，这是大自然赋予东湖大李村的乐趣。

5 月青梅结果，村民摘果酿酒。新鲜青梅去蒂浸泡，用 52° 高粱酒浸泡 3 个月，青梅酒便可入口。青梅酒 20° 左右，口感醇厚，伴随浓浓梅子香，一瓶可保存 2~3 年。

翩翩虚度民宿

地址：东湖风景区大李村 208 号

价格：128~228 元（750~1500ml）

有时见花园民宿

地址：东湖风景区大李村 207 号

价格：118~588 元（700~1500ml）

皮具

四个男人在东湖边开了一家皮具工坊，既可定制，也可教你动手做。店内零售的皮具单品不少都带有东湖的印记，比如“秋天的银杏叶子”。

东町皮具

地址：东湖风景区大李村 253 号

价格：50~800 元

漆器

东湖有一间漆艺工作室，主理人吴星师从著名漆艺大师郑崇尧，在这里能买到他的作品，也能看他现场制作。制作一件漆器，至少需一个月。如需定制，需提前电话预约。

吴星漆艺工作室

地址：植物园路东头村 153 号

价格：300~1000 元

电话：13554434752

湖北美术馆正负零艺术商店

地址：武昌区东湖路三官殿 1 号

价格：100~500 元

马口窑陶器

马口窑陶器为湖北民间陶器，以釉色古朴厚重、刻花装饰讲究而闻名。

这间开在东湖边的陶器店，只卖马口窑陶器。主理人曾在武汉大学工作，因探访马口窑古遗址，对其产生了浓厚兴趣，就从爱好玩成了事业。店内的陶器纹样都是主理人自己刻画，能看到栩栩如生的“八仙过海图”和“东湖山水画”。

店内也可体验手作，180 元 / 次（10cm × 10cm 的成品），制作只需 1 天，等待烧制需要 2~3 天，成品可邮寄或自取。

陶野手作

地址：植物园路东头村 153 号

价格：20~6000 元

叶子陶器

老板娘何培因为热爱大自然，所以烧制的陶瓷以叶子形状为主，并在上面绘了东湖风景。她和丈夫都在东湖边读书长大，孩子也喜欢在东湖玩耍，这里有太多一家人的美好回忆。

梦兔陶艺每个周末都会在时见鹿市集摆摊，还有坯绘画、木片绘画、贝壳绘画等项目，可自己体验。

梦兔陶艺手作店

地址：东湖风景区森林道山后毕村 24 号

价格：100 元

曾侯乙编钟微型摆件

湖北省博物馆镇馆之宝之一的曾侯乙编钟，是中国首批被禁止出境展览的文物之一，可见其珍贵程度。曾侯乙编钟全套共65件，用青铜5吨，其音域跨五个半八度，它良好的音乐性能，改写了世界音乐史。

参观省博时，可以在音乐厅欣赏编钟演奏，编钟与篪、笙、箫和埙配合表演的楚国古乐，穿越千年，还原了楚乐的轻灵悠远。参观之余，微型编钟摆件也是极有代表性的伴手礼，当不知道送什么的时候，选它一定不会出错。

湖北省博物馆

地址：武昌区东湖路160号

价格：根据大小几十到几千元不等

樱花文创

漫步浪漫唯美的樱花林，想把这份美好带回家，去磨山风景区就能买到超多樱花伴手礼。

樱花钥匙扣、桐油伞、苏绣团扇、王星记联名折扇……粉色浪漫，一站拥有。除了樱花，新晋网红“东湖之眼”摩天轮的伴手礼也有，转一圈“一生一世”的诺言，一起带回家吧。

新三舍文化生活馆

地址：东湖磨山景区欢乐丛林 6 号门处

价格：9.9~99 元

栖居之美

酒店

东湖宾馆

东湖宾馆的庭院面积有 2800 亩，里面种有超过 10000 株树，森林面积之大在国宾馆中也属少有。除了林木，还有樱花、荷花、桂花、梅花等 33 种花在不同时节盛放。

东湖宾馆对外开放的酒店住宿区域主要分布在南山和东湖国际会议中心。

南山乙所，这座看起来非常低调的 5 层楼建筑，始建于 20 世纪 50 年代。南山和梅岭、百花、听涛（今东湖国际会议中心）共同组成了东湖宾馆。很长时间内，东湖宾馆专注于政务接待。20 世纪 90 年代，东湖宾馆正式对外开放，南山乙所、听涛 2 号（东湖国际会议中心）可接受普通游客预订。

听涛 2 号 2012 年对外开放，建筑更新，住宿体验类似星级酒店。这里举办过楚商大会，常在新闻中露脸的“长江厅”就在这里，许多知名企业家也入住过听涛 2 号。

南山乙所的房间，基本复原 90 年代国宾馆的样子。客厅沙发上盖着蕾丝布巾，小时候家里搭在高级电器上的那种。家具是有质感的“国漆色”，在阳光下熠熠生辉。

南山乙所背靠东湖，窗外就是森林和碧波。这里还接待过邓小平、刘少奇等党和国家领导人，相关房间挂有铭牌，客人也有机会入住。

南山乙所离 2018 年“习莫会”走过的栈道特别近，站在窗边就能看见。

夏末凉风穿过如卫士般林立的香樟树和池杉，湖水拍打着堤岸，让人只觉舒爽。步行 5 分钟至一座凉亭，中印两国领导人曾于此对坐饮茶，谈笑风生。

继续向前，荷塘边有座临水小筑，就是“习莫会”餐叙的海光水榭，可以提前预订国宴同款。国宴是国家元首或政府为招待国宾和其他贵宾而举行的正式宴会。中国国宴以淮扬菜为基准，汇集各方菜系，常使用分餐制。

来到东湖宾馆，自然要去毛泽东同志故居参观，毕竟主席曾在 20 年间下榻东湖宾馆 48 次。

“才饮长沙水，又食武昌鱼”之句就是在东湖宾馆写就。刚刚写完这首《水调歌头·游泳》，主席就把手稿送给了时任东湖宾馆厨师长的杨纯清，并说：杨师傅，不吃你做的鱼，我是写不出来词的。

2016 年，在完整保存了梅岭一号毛主席房间的基础上，延伸修建了毛泽东同志故居，只对住店的客人开放。

故居门口有一株油松，是毛主席 1960 年亲手栽种的。在南山甲所，还有一棵 1958 年由毛主席和金日成共同栽下的友谊树 (柏树)。

东湖宾馆

地址：武昌区东湖路 146 号

费用：南山乙所，标 / 单间 580 元 / 晚（含双 / 单早），套房 1450 元 / 晚起

听涛 2 号，标 / 单间 738 元 / 晚（含双 / 单早），套房 1868 元 / 晚起

预订方式：电话 027-68881888，关注“武汉东湖宾馆”微信公众号订房，在携程 / 大众点评等第三方软件预订

餐饮价格：自助早餐 68 元 / 人，沁香斋及其他餐厅中 / 晚餐 150~200 元 / 人（非住店客人也可入内消费，需电话预约）

提醒

· 毛泽东同志故居开放时间为 9：30—10：30,15：30—16：30(致电前台预约)

· 每年 7、8 月，毛主席畅游过的梅岭三号室内游泳池开放使用

翠柳村客舍

建于 1956 年的翠柳村客舍是东湖边最老牌的酒店之一，距离东湖老大门不到百米。

60 多年前，翠柳村客舍和梅岭一号、百花村、南山共同组成了东湖宾馆。除毛泽东外，董必武、林伯渠、数学家华罗庚等都曾入住过翠柳村客舍，那里日夜都有警卫巡逻。

1972 年的春夏之交，华罗庚一行人入住翠柳村客舍，彼时称之为东湖宾馆四区。华罗庚喜欢电影，夜里就在翠柳村的草坪上看电影。

当时除了毛主席常住的梅岭一号之外，另有专门的警卫连负责翠柳村客舍的安保工作。

翠柳村常有名流来往，知名华裔作家韩素音回国时也曾在此居住。作家姚雪垠在创作历史长篇小说《李自成》时，曾在翠柳村住了 3 个月，写下了“碧波三面绕芳林，翠柳村中静客心”的诗句，流传至今。

能让名人如此钟爱，离不开这里绝佳的风景。翠柳村像湖中的一个小岛，被郁郁葱葱的池杉包围。沿湖大道从门前穿过，高大的梧桐树参天蔽日，如同童话秘境。

到了深秋，翠柳村院内的植物都染了新色，池杉变红，银杏黄透。

酒店餐厅菜品以鄂、粤菜为主，口味清淡，适合家族聚餐和商务宴请。

翠柳村客舍

地址：东湖风景区沿湖大道 8 号

价格：868~2380 元 / 晚

电话：027-88860666 转 8855、8866

周边景点：听涛景区、东湖海洋乐园、湖北省博物馆、湖北美术馆

玛雅嘉途酒店

武汉华侨城玛雅嘉途酒店（原玛雅海滩酒店）坐落于东湖生态旅游风景区北岸，在欢乐谷和玛雅海滩水公园附近，是一家以玛雅文化为主题的酒店，距武汉高铁站 5 分钟车程。

玛雅嘉途酒店有 215 间（套）客房，主题风格各异。在酒店内，可鸟瞰玛雅海滩水公园，也可远眺东湖风光。

玛雅嘉途酒店

地址：欢乐大道 218 号

价格：358 元起 / 晚

电话：027-59599999

周边景点：听涛景区、磨山景区

民宿

花满·山居精品民宿

磨山景区内的精品民宿，有私人管家，距离樱花园、荷园步行不超过 300 米。民宿自带小院，花开时节来，在民宿里就可赏花观景。

民宿只有 8 间房，4 种房型。除精致大床房面向荷园无浴缸外，其余房间都有面向森林的浴缸。客房的整面墙壁由落地窗代替，让绿意涌满房间。

酒店提供自制早餐，六个精致小碗，五谷杂粮都有。民宿一公里内，可以步行去欢乐丛林坐“东湖之眼”摩天轮；一公里外，可乘坐民宿免费提供的摆渡车，想去哪里，你说了算。（记得提前预订）

花满 · 山居精品民宿

地址：东湖风景区磨山景区内（荷园附近）

价格：888~1688 元 / 晚

电话：19947595229

周边景点：楚天台、东湖樱花园、中科院武汉植物园

有时见花园民宿

有时见花园民宿是大李村最红民宿，全凭颜值出圈。

主理人文婷是室内设计师，2 栋楼 20 间房，全部出自她手。风格自然清新，广泛使用实木家具和绿植。每层楼都有精心布置的公共休息区，厨房可免费使用，用后清理干净即可。

咖啡厅位于民宿一楼，近 200 平方米，是个带长廊的小院子，分室内外两个区域。院子里可以烧烤，店家也有烤架出租。整个民宿设计简洁温馨，四处点缀着绿植。菜单种类丰富，咖啡果酒、brunch、下午茶、简餐都有。咖啡厅里还有青梅酒，5 月份从大李村的梅树上摘下酿制，喝过的人都忍不住买一罐带回家。

天涯
有時見

住在大李村，一定别忘了在日落时去梅园码头沿着湖山道散步，这里是磨山最适合看日落的地方。天空被层层晕染成粉色、红色、橙色，落日在眼前坠入山峦，美不胜收。

有时见花园民宿

地址：东湖风景区大李村 207 号

价格：220~350 元 / 晚（可整栋出租）

电话：18607198388

周边景点：磨山景区、东湖樱花园、梅园码头、中科院武汉植物园

故里他乡

粗犷的工业风装修、日式推拉门、原木桌椅和随处可见的绿植，故里他乡尤其适合崇尚“简单生活”的客人。

风格极简，但功能却丰富。970 平方米，三层楼，却只在景观最好的二楼打造出 6 间客房，剩下的都留给公共空间。一楼除了承担办理入住手续功能外，还有一间茶室、一间设计师服装陈列室和一间阳光房餐厅。餐厅可提供中餐，味道清爽，人均 80 元。

民宿主人徐卓君是一名室内设计师，咸宁人奋斗在武汉，这里对他来说既是他乡也是故里，故取名“故里他乡”。2016 年，他在东湖荒野中寻得这栋毛坯房，亲自操刀设计，赋予了其二次生命。店内陈列的服装也是他的作品。

6 间客房分布在二楼走廊两侧。房间中几乎所有的家具都取材于自然：原木、棉麻、陶瓷。卫生间有智能马桶、长绒棉浴巾和纯天然洗漱用品。

故里他乡

地址：桥梁社区付家村 117 号 3 栋

价格：299~370 元 / 晚

电话：027—87571761

周边景点：中科院武汉植物园、马鞍山森林公园

懒院

东湖郊野道边的独栋别墅，每间房都有落地窗，不论是泡澡还是躺在床上，满眼都是东湖的清新。等走上三楼露台，就能看见东湖。

主人钱旗是民宿“老江湖”，在阳朔开了“懒人堂”，在杭州有“懒墅”，漂泊 12 年后回到武汉，敲定东湖。

懒院只整租，更适合家庭聚会。5 间客房都以武汉地标命名，30 平方米左右，配独立洗浴间。民宿大厅提供厨房，只收取清理费。

小院门口是 100 多平方米的户外区，可以烧烤。不远处的郊野道，两旁种满樟树、柳树、枇杷树，一年四季，景色常新。

钱旗说，来这里“4+2”（自驾 + 骑行）的武汉人特别多，暂时从压力中抽离，在大自然的怀抱中睡个好觉。

懒院

地址：东湖风景区落雁景区肖家咀 84 号

价格：2200 元／晚（平日，含早），3200 元／晚（周末，含早）

电话：18086601100

周边景点：东湖绿道郊野道、落雁景区

禾木

禾木的风格搭配既大胆又美丽，简欧、新中式、地中海等风格和谐混搭。

20 世纪的老地砖上，摆着欧式沙发椅；意式质朴的石砖床旁，赫然是一张日式榻榻米；英式藤编圈椅对面，卧了套新中式家具。

民宿主人禾木已经退休了，在此之前，她因职业缘故，游历过 30 多个国家，足迹遍布南北半球。禾木将她旅行中拍到的美照、写下的感触放进一楼小展廊，同每位住客分享。

民宿共有 6 间客房，风格各不相同，简欧 + 榻榻米、古罗马拱券、阁楼，每间都是不同体验。民宿面积 700 余平方米，前后各有约 100 平方米的小院。后院是意大利式圆形小剧场，可以烧烤，也可以坐在石阶上喝下午茶，运气好的话，还能邂逅屋后村民养的南瓜藤。

禾木

地址：鲁磨路大李村 254 号

价格：298~780 元 / 晚（含双早）

电话：19947553632（或搜微信号“Hemer-hotel”）

周边景点：东湖樱花园、磨山景区、东湖梅园、梅园码头

璞宿梦栖精品客栈

2019 年，已经在云南腾冲开了家民宿的董伟来到东湖大李村，转了一圈，不想走了。他和朋友伊峻锋合伙，将璞宿梦栖精品客栈开了起来，并长住在此。

民宿整体是小而美的园林风格，前院是玻璃天井，晴天通透，下雨天雨水会顺着天井滴答落入中心的草地、假山、木质小路上，有种水墨氤氲感。

屋后是下沉式庭院，外人无法看到，极具私密性。在这里和友人聊天，不必担心被打搅，像在室内一样放松。后院还有一个公共区域，也是玻璃顶，内置沙发、投影，可以边聊天边看电影，一旁还有 BBQ。

民宿共3层，约300平方米，共11个房间，有3间另带阳台，可以坐下看书、谈天。

房间里的床品是与香格里拉某五星级酒店相同的品牌，没有再添花哨图案，只是印了民宿的LOGO。有几间房的玄关铺着雪白的鹅卵石、青石板，禅意十足。洗护产品是日本、澳洲的品牌，达到五星级酒店的标准。

璞宿梦栖精品客栈

地址：鲁磨路大李村222号

价格：288~468元/间（含双早）

电话：15071660629 / 13409710720

周边景点：中科院武汉植物园、磨山景区、东湖杉美术馆

东湖 · 家

东湖隧道团山段边有一个临湖半岛“鹰嘴湾”，面积 140 亩，相当于 13 个标准足球场大小。岛上的民宿只有 5 栋，绿化率近 70%，专门的管家、1000 平方米的草地、私厨、游泳池，入住民宿的人全都可以享用。这里就是全国甲级旅游民宿——东湖 · 家。

民宿门口种有高大成群的杉树、香樟，隔绝了外面的喧嚣。岛内安静，只有园艺师割草、工人修建房屋的声音和鸟儿的清啼，自成一个小世界。

民宿位于岛中央，白墙、蓝瓦、小院、小阳台。每栋别墅都是两层，5~6 间客房，可住 10 人左右。民宿适合多个家庭整租，也允许单间租赁。

民宿餐厅有基础菜单，管家也会根据客人偏好调整菜品，当天购

买食材。如果想吃粤菜，可以去民宿 100 米外的观湖阁；想吃淮扬菜和鄂菜的话，私房菜馆莲舍也在附近。

除了散步，这里还有别的消遣方式。钓鱼、皮划艇、桨板、五人制足球，和大自然握手，大汗淋漓跑起来才是正经事。

东湖·家

地址：团山路付家村 142 号

价格：平时：整栋 2880 元 / 天，单间 480 元 / 天，标间 580 元 / 天，亲子大床房 780 元 / 天（不含早餐）

周末：整栋 3880 元 / 天，单间 580 元 / 天，标间 780 元 / 天，亲子大床房 980 元 / 天（不含早餐）

电话：15902776800

周边景点：马鞍山森林公园、中科院武汉植物园、磨山景区

东家西舍

民宿位于东头村内，从植物园路进入，周边都是浓浓的生活气息，居民们围坐在一起晒太阳、聊天，与村外游客如织的景象形成鲜明对比。

整栋洁白的小楼神似希腊圣托里尼的海边建筑，从进入民宿的那一刻起，就能感到放松的氛围，首先映入眼帘的便是一片庭院，院中铺上了大片草坪，轻易就让人贴近自然。

每间房都根据房型做了单独设计，房间内统一的暖黄灯光和舒适床铺，让整体氛围更显温馨。部分房间正面墙壁改成落地窗，窗外正对喻家山，在这里住宿，抬眼就是蓝天与青山，让人心情无比舒爽。

东家西舍民宿

地址：东湖风景区东头村 125 号

电话：027-87777688 / 18186142203

价格：199—600 元（价格随季节浮动）

初一民宿

初一民宿以下沉式院子、暖色调楼房、门前的大樟树这三点，牢牢地抓住了每个过路人的记忆点。

民宿的前身是一栋老居民房，门口的大樟树是房东亲手栽种的，和房子岁数相仿，有六七十年的历史。

老房子改造经历了足足一年，老板没有选择把老房子改造成新房子，而是主打田园怀旧风。

初一民宿的客房共有 9 间，每间客房都布置得极简又雅致，素净的配色搭配素雅的家具和陈设，阳光穿透纱帘洒在木质桌椅和蒲团上，一派岁月静好的景象。

初一民宿

地址：东湖风景区磨山景区大李村 216 号

预约方式：美团、大众点评

电话：17361356912

营业时间：入住时间 14：00 后，离店时间 12：00 前（22：00 后不接待客人）

知住 · 东湖翠

大李村深处的美食、民宿集合店，四层独栋小楼线条简洁灵动，揽绿树、白云入怀，仿佛从自然中走来，随性又可亲。

主理人之一是业界知名的建筑设计师，曾荣获多项国内外设计大

奖。他将设计灵感带到东湖，辟出一方全新的小天地。

店内二楼和三楼共有 8 间房，4 种房型，能够满足多种住宿需求。客房设计风格在保持基调一致的同时，细节上诚意满满，新意迭出。

知住 · 东湖翠

地址：东湖风景区鲁磨路大李村 91 号

餐饮价格：136 元 / 人

住宿价格：200 元 / 人

电话：18064024708

东湖·美的旅程

开启东湖之旅，你应该知道这些事。

武漢
5.0m
70
减速
慢行

到达及离开

飞机

武汉天河国际机场位于武汉市北部，坐落在武汉市黄陂区天河镇境内，距离东湖 44 公里。乘坐地铁 2 号线（天河机场站）可达。

武汉天河国际机场

交通：地铁 2 号线（工作日：06：00—23：00；休息日：06：30—23：00）

电话：027-96577

地址：武汉市黄陂区天河街

火车

武汉有四个火车站：武汉火车站（位于洪山区、地铁 4 号线／5 号线直达）、汉口火车站（位于江汉区、地铁 2 号线直达）、武昌火车站（位于武昌区、地铁 4 号线／7 号线直达）、武汉东站（位于东湖新技术开发区、地铁 2 号线／11 号线直达）。其中，武汉火车站距离东湖最近，仅 2 公里。

汉口火车站

交通：地铁 2 号线

电话：027-51137010

地址：武汉市江汉区发展大道 185 号

武昌火车站

交通：地铁 4 号线、7 号线

电话：027-12306

地址：武汉市武昌区中山路 642 号

武汉火车站

交通：地铁 4 号线、5 号线

电话：027-12306

地址：武汉市洪山区杨春湖南侧

武汉东站

交通：地铁 2 号线、11 号线

电话：027-12306

地址：武汉市东湖新技术开发区百川路西侧

长途汽车

武汉中心城区目前有五大长途客运站，分别是青年路客运站、古田停靠点、傅家坡客运站、宏基客运站、杨春湖客运中心。

青年路客运站

电话：027-96513 转 4

地址：江汉区青年路 208 号

古田停靠点

电话：027-96513 转 6

地址：硚口区古田一路 8 号

傅家坡客运站

电话：027-96513 转 2

地址：武昌区武珞路 262 号

宏基客运站

电话：027-96513 转 1

地址：武昌区中山路 519 号

杨春湖客运中心

电话：027-96513 转 5

地址：洪山区白云路与和谐路交叉口

自驾 · 停车

东湖绿道沿线停车场，收费标准在 6 元 / 小时或 8 元 / 次不等。此外还有多处景区、餐厅自备的停车场。具体地址如下（收费标准以各停车场实际公示为准）。

听涛景区周边

1	听涛景区内部停车场	武昌区沿湖大道 16 号
2	梨园停车场	武昌区东湖路 189 号
3	东湖楚风园 2 号停车场	武昌区沿湖大道 22 号
4	湖北美术馆停车场	武昌区东湖路三官殿 1 号
5	武汉东湖海洋乐园停车场	武昌区沿湖大道 20 号附近
6	湖北省博物馆停车场	武昌区黄鹂路 77 号附近
7	武汉东湖国际会议中心停车场	武昌区东湖路 146 号
8	东湖丽景酒店停车场	武昌区徐东大街 350 号

磨山景区周边

1	东湖磨山景区地面停车场	武昌区鲁磨路 658 号
2	磨山景区二号停车场	东湖磨山景区西南门
3	东湖磨山景区樱花园停车场	东湖生态旅游风景区磨山樱花园门口
4	醉香隆农家菜停车场	洪山区大李村 88 号
5	东湖梅园北停车场	武昌区鲁磨路 666 号西南 60 米
6	中科院武汉植物园停车场	武昌区植物园路西 100 米
7	东湖阳光停车场	洪山区东湖东路 8 号附近
8	大李村村湾停车场	洪山区鲁磨路大李村内

落雁景区周边

1	白马洲头停车场	洪山区白马小路与联合路交叉路口往南约 100 米
2	落雁南停车场	洪山区青王公路东湖落雁景区内
3	落雁东停车场	洪山区青王路落霞归雁驿站附近
4	落雁景区停车场	洪山区鹊桥
5	西埂垂钓中心 1 号停车场	洪山区落雁路
6	沙湖果品批发市场停车场	洪山区落雁路东 100 米
7	绿道生态园停车场	洪山区落雁路特 1 号
8	东湖家停车场	洪山区团山路付家村 142 号

吹笛景区周边

1	吹笛景区 1 号停车场	洪山区珞喻东路 8 号附近
2	马鞍山森林公园停车场	洪山区珞喻东路 619 号
3	武汉慧谷时空停车场	洪山区佳园路 1 号东 50 米

入口指引

东湖绿道游览地图
北
白马洲头
湖光序曲
梨园广场
听涛景区
汤菱湖
落雁景区
落霞归雁
团湖
磨山揽翠
磨山景区
郭郑湖
一棵树
梅园踏雪
后湖
马鞍山森林公园
太渔栖霞
西门驿站
南门驿站
东湖绿道总长101.98公里
湖中道 6公里
白马道 14.7公里
听涛道 9.02公里
郊野道 19.96公里
磨山道 5.8公里
森林道 26.22公里
湖山道 20.28公里
图例 Legend
绿道主线
绿道支线
入口门户
驿站

梨园广场

湖光序曲驿站

公交：电8路梨园广场站下车；402、552、573、601、605、709、712、810路到徐东大街地铁梨园站下车

地铁：8号线

自驾：由徐东大街进入楚风园停车场、梨园小门停车场

“打卡”地：屈原纪念馆、长天楼、大小象、东湖海洋乐园

东湖老大门

公交：14、402、411、552、578路到东湖路省博物馆站（后站）下车

地铁：8号线

自驾：由东湖路至东湖老大门停车场

“打卡”地：小梅岭、碧潭观鱼、周苍柏纪念室、寓言雕塑园、老鼠尾

一棵树

公交：402路到卓刀泉北路风光村站下车

自驾：由卓刀泉北路进入卓刀泉北路停车场

“打卡”地：枫多红岭、东湖梅园

梅园踏雪驿站

公交：401、402、413路到鲁磨路磨山站下车

自驾：由鲁磨路、东湖隧道进入植物园路，入东湖樱花园停车场、梅园东停车场

“打卡”地：中科院武汉植物园、梅园、樱花园、朱碑亭、楚天台、经心书院、东湖杉美术馆

森林公园南门驿站

公交：18、25、28、340、513、518、536、702、703、781路到珞喻东路森林公园站下车

地铁：2号线

自驾：由珞喻东路至南门驿站停车场

“打卡”地：森林公园、七彩网红桥

森林公园西门驿站

公交：327路到喻家湖路站下车

自驾：由喻家湖路至西门驿站停车场

“打卡”地：烧烤乐园、猴山、太渔桥

太渔栖霞驿站

公交：513路到青王路花木城站下车

自驾：由青王路至花木城停车场

“打卡”地：吹笛山、太渔山、猴山

落霞归雁驿站

公交：118、350、513路到青王路落雁景区站下车

自驾：通过三环线、青王公路进入落雁南停车场、落雁东停车场

“打卡”地：芦洲古渡、观鸟台、湖滨湿地

白马驿站

公交：392路到欢乐大道白马洲站下车

地铁：4号线

自驾：由欢乐大道进入绿道白马洲头停车场

“打卡”地：桃花岛、“荷包蛋”

景区内交通

观光电瓶车

东湖绿道

票价：40 元，绿道全程站点

优惠票价：20 元（老人 / 小孩 / 军人）

停靠点：白马驿站、田园童梦、磨山北、湖心归沐、听涛老大门、全景广场、落霞归雁、楚风园、森林公园老大门、森林公园烧烤区

售票点：白马驿站、磨山北、听涛老大门、全景广场、落霞归雁、楚风园、森林公园老大门（“东湖慢生活”提供线上购票）

景区接驳点：磨山北（绿道与磨山景区的接驳点），落霞归雁（绿道与落雁景区接驳点），目前听涛景区与森林公园没有接驳点

运营时间：9：00—17：00

磨山景区

单程成人票价：20 元 / 位（中途不能上下）

单程优惠票：10 元 / 位

双程成人票价：30 元 / 位（中途可选站点上下一次）

双程优惠票：20 元 / 位

停靠点：磨山南门、磨山北门（索道下站）、楚城（楚市）、滑道广场、楚天台

售票点： 磨山南门、磨山北门、樱花前门、滑道广场、楚天台

购票时间： 周一至周五 9：00—17：30，周末 / 节假日 8：30—17：30

听涛景区

票价： 30 元

售票点： 听涛老大门

运营时间： 9：00—17：00

马鞍山森林公园

单程票价： 20 元

往返票价： 30 元

售票点： 森林公园老大门

运营时间： 9：00—17：00

注意： 各景区与东湖绿道的观光车之间不可免费换乘

自行车租赁

8 个租车点分布在绿道驿站里，通借通还。租车前需要先付押金，还车后押金原路退回。自行车只能在绿道上行驶，景区内不允许自行车进入，建议出行前规划好时间。

租还点： 九女墩、湖光序曲、东湖海洋乐园、湖心归沐、磨山挹翠、梅园踏雪、一棵树、落霞归雁

时间： 9：00—17：30

电话： 027-88237417

费用：

· 轻便单速车、亲子车押金 300 元，起租 30 元 / 2 小时，续租 15 元 / 小时。

· 胖胖车、26 寸山地车押金 500 元，起租 20 元 / 小时，续租 20 元 / 小时。

东湖游船

东湖游船有 4 条日间线路和 1 条夜游线路，船型分古风画舫和现代休闲艇两种。画舫分 48 座、66 座、84 座三种，休闲艇为带有露天观景平台的 90 座两层大船。

楚风园—磨山观光线

单程票价： 40 元

往返票价： 70 元

游船线路： 楚风园码头—九女墩—沙滩浴场—军运会帆船基地—湖光阁—楚城—磨山码头

营业时间： 楚风园码头（推荐）：3—10 月 9：00-17：00，11 月—次年 2 月 9：30-16：30；磨山码头：3—10 月 9：30—17：30，11 月—次年 2 月 10：00—17：00

行吟阁—梅园观光线

单程票价： 40 元

往返票价： 70 元

游船线路： 行吟阁码头—行吟阁—先月亭—梅园码头

营业时间： 行吟阁码头：9：40—16：40，梅园码头：10：00—17：00

落雁—楚城观光线

票价： 50 元

游船线路： 落霞归雁码头—落雁景区—观鸟台—清河桥—刘备郊天台—楚天台—楚城—楚城码头

营业时间： 落霞归雁码头：9：10—16：10，楚城码头：9：40—16：40

听涛—梅园观光线

单程票价： 40 元

往返票价： 70 元

游船线路： 落霞水榭码头—沙滩浴场—湖光阁—梅园码头

营业时间： 落霞水榭码头：9：10—16：10，梅园码头：9：30—16：30

夜游线路

游船线路： 楚风园码头—落霞水榭—行吟阁—老鼠尾—楚风园码头（往返时长约为 45 分钟）

发船时间： 18：00、19：00、20：00

门票价格： 70 元 / 人

优待政策

免费： 身高 1.2 米以下（含 1.2 米）的儿童免船票，必须有成人陪同，无座位，且每位成人限带 1 名儿童。

半价： 身高 1.2 米（不含）~1.5 米（含）的儿童，65 周岁（含）以上凭老年证或者身份证，持有效证件的现役军人、残疾人、消防人员、医护人员。

补充说明： 以上信息仅供参考，具体执行标准以景区当日披露为准。

驿站及服务点

若想休息、吃饭、租车，找驿站（服务点）就对了。东湖共有39个驿站，其中9个一级驿站，13个二级驿站，17个服务点，都分布在绿道上。

听涛道

湖光序曲驿站

交通：单车租赁、停车场、观光车

餐饮：肯德基

便利店：Today、中百罗森、绿岸

公共设施：手机充电站、伞、轮椅、免费直饮水机、卫生间、尿布台、淋浴间、医疗室、东湖地图、便民箱（创可贴、呼吸气囊、针线、纸笔等）

其他：捷安特单车驿站、特步跑步训练营

东湖老大门驿站

交通：停车场、观光车、公交车（环湖路东湖站）

餐饮：吾饮良品、正大鸡排、麦思酷冰淇淋专家

便利店：妙语超市

公共设施：卫生间、自动售卖机、警务室

湖中道

湖心归沐驿站

交通：观光车

九女墩服务点

交通：自行车停放处、公共自行车

公共设施：卫生间

杉月晓看驿站

交通：单车租赁、观光车

餐饮：肯德基

便利店：Today、中百罗森

公共设施：卫生间、尿布台、便民箱、医疗箱、手机充电站、地图、伞、轮椅、小电共享充电宝

鹅咏阳春驿站

交通：观光车

餐饮：自动售卖机

公共设施：卫生间、尿布台

白马道

白马驿站

交通：停车场、观光车、电动车租赁、单车租赁、公交车（落雁路东湖绿道站、欢乐大道白马驿站）

公共设施：医务室、轮椅、卫生间、医疗救护车、淋浴间、母婴室、免费插座、地图

其他：捷安特单车驿站

磨山道

磨山挹翠驿站

交通：单车租赁、观光车

餐饮： 柠檬王子、阿姨奶茶

便利店： 中百罗森

公共设施： 手机充电站、共享充电宝、医疗室、轮椅、医疗救护车、卫生间、尿布台、东湖地图、免费直饮水机、伞、行李寄存处、便民箱

其他： 捷安特单车驿站

森林道

太渔栖霞驿站

交通： 观光车、公交车站（青王路东湖花木城站）

餐饮： 老武汉热干面、沙县小吃

便利店： 今优

公共设施： 云冲吧共享充电宝、卫生间、尿布台

其他： 百枢堂（美容、按摩、美发）

西门驿站

餐饮： 无由茶社、鹿行咖啡

公共设施： 医疗室、轮椅、伞、卫生间、尿布台、东湖地图、云充吧共享充电宝

其他： 时见鹿书店、友唱K歌房

南门驿站

交通： 停车场、公交（珞喻东路油篓口站）

公共设施： 轮椅、医疗室、卫生间、母婴室、淋浴间

圃园吐翠驿站

交通： 停车场、观光车

公共设施： 卫生间、尿布台、马鞍山苗圃老年活动室

其他： 百森林营地、星马骑士国际体育俱乐部

郊野道

雁聚佛脚驿站

交通： 观光车、公共自行车

公共设施： 卫生间、尿布台、免费直饮水机、免费插座

曲港听荷驿站

餐饮： 曲港听荷

交通： 观光车

其他： 西埂垂钓中心

滨湖夕佳驿站

交通： 停车场、公交车站（青王路滨湖村站）

餐饮： 艺禾轩（中餐）、青王牛肉粉面店、重庆鱼庄

便利店： 绿道商服中心、众信平价超市

公共设施： 医疗室、警务室、轮椅、卫生间

落霞归雁驿站

交通： 停车场、观光车、单车租赁、公交车站（东湖落雁景区南门站）

餐饮： 良古湖边餐厅

便利店： 中百罗森

公共设施： 手机充电站、轮椅、伞、免费直饮水机、医疗室、东湖地图、行李寄存处、小电共享充电宝、便民箱、淋浴间

其他： 捷安特单车驿站

塘野蛙鸣驿站

交通： 停车场、观光车、公共自行车

便利店： 中百好邦e购（只卖饮用水、泡面）

公共设施： 卫生间、尿布台、免费直饮水机、免费插座、小电共享充电宝

九峰渔歌驿站

餐饮：东湖笛苑驿站（中餐）

公共设施：卫生间、尿布台、免费插座

落雁东服务点

便利店：中百罗森

公共设施：卫生间、停车场

湖山道

梅园踏雪驿站

交通：停车场、观光车、单车租赁、公交车站（鲁磨路磨山站）

餐饮：肯德基、踏雪餐厅（中餐）

便利店：中百罗森

公共设施：手机充电站、伞、便民箱、行李寄存处、小电共享充电宝、卫生间、母婴室

其他：捷安特单车驿站

碧浪临轩驿站

交通：观光车

便利店：中百罗森

团山驿站

交通：停车场、观光车

餐饮：水墨团山餐 · 茶

便利店：水墨团山餐 · 茶门口的移动式便利店

公共设施：卫生间、怪兽共享充电宝、东湖地图、便民箱

枫多红岭驿站

餐饮：一处猫咖

便利店：中百罗森

公共设施：卫生间、尿布台、小电共享充电宝

提示

· 伞、轮椅免费租赁，但需交押金，伞 50 元 / 把，轮椅 500 元 / 个，都得在同一个站点租还。轮椅一般放置在医务室或游客咨询处。

· 若想在驿站内的免费插座充电，需要自备充电线和充电头。自动手机充电站可以直冲，无需自备充电器。

· 医疗室备有简易呼吸气囊、胶布等基础物品，24 小时值班制。用一键报警器联系，路上也有巡逻的工作人员可以求助。

· 便民箱内有创可贴、酒精、针线、纸笔等，可免费使用。

卫生间

东湖各景区内、东湖绿道沿线设有卫生间 112 个，非常方便，以下列出四大景区内的 8 个特色卫生间。

长天楼卫生间

地址：听涛景区长天楼旁

设备：母婴室、无障碍卫生间、第三卫生间

落霞归雁驿站卫生间

地址：落霞归雁驿站

设备：无障碍卫生间、母婴室、24 小时供应热水的淋浴隔间

白马驿站卫生间

地址：白马驿站（白马洲头旁）

设备：无障碍卫生间、母婴室、24 小时供应热水的淋浴隔间

湖光序曲驿站卫生间

地址：沿湖大道与渔光小路交叉口

设备：母婴室、无障碍卫生间、第三卫生间、24 小时供应热水的淋浴隔间

马鞍山新南门驿站卫生间

地址：马鞍山森林公园南门

设备：母婴室、无障碍卫生间、第三卫生间、24 小时供应热水的淋浴隔间

茶园卫生间

地址：磨山揽翠茶园

设备：母婴室、无障碍卫生间、第三卫生间

濒湖画廊卫生间

地址：碧潭观鱼附近

设备：无障碍卫生间

华侨城卫生间

地址：华侨城运动公园

设备：无障碍卫生间

餐厅

听涛景区周边

游宴一品淮扬餐厅

人均价格：400元

地址：水果湖街东湖路138号

电话：027-59599999-6160

湖滨客舍

人均价格：350元

地址：黄鹂路78号东湖生态旅游风景区东湖听涛景区内

电话：027-88166666 / 17702763795

红鼎豆捞（东湖华侨城店）

人均价格：200元

地址：欢乐大道186号东方里商业街S9-A、S9-B商铺

电话：027-87886166 / 17786475471

楚天粤海国际大酒店

人均价格：160元

地址：东湖路181号（近省博物馆）

电话：027-88568229

东湖73号

人均价格：100元

地址：黄鹂路73号东湖林语小区旁

电话：027-88226073 / 13006360077

澜庭

人均价格：500元

推荐菜品：火锅、玉露虾仁、招牌牛三鲜

地址：东湖梨园听涛景区内（梨园广场、东湖海洋世界、梨园风景区异国风情园旁）

电话：18963987152

牛者烧肉专门店

人均价格：300元

推荐菜品：每日现切和牛、极上厚切牛舌、石头大明虾

地址：欢乐大道华侨城东方里S4一楼

电话：027-88860866

闲云阁

人均价格：215元

推荐菜品：广水煎白茄子、榴莲排骨酥、手撕牛肉

地址：沿湖大道17号

电话：027-88089555

水云乡

人均价格：200 元

推荐菜品：黑椒牛肉粒、绝味水库鱼头、贺胜桥土鸡汤

地址：东湖听涛景区内

电话：027-86785777　17771833501

富力万达嘉华酒店品珍中餐厅

人均价格：154 元

推荐菜品：堂煎安格斯牛排、姜辣铁盘烧凤爪、榴莲酥

地址：东湖路 105 号（放鹰桥旁）

电话：027-59376576　027-59008888

曼哈顿美式餐吧

人均价格：140 元

推荐菜品：西部火焰牛仔腿、榴莲脆薄饼、海陆拼盘

地址：欢乐大道 166 号华侨城 OCT 商业街 S10 号

电话：027-88750218

鱼头泡饭

人均价格：110 元

推荐菜品：一鱼两吃、鱼头泡饭、凉拌现做豆油皮

地址：中北东路 16 附（老年公寓旁）

电话：027-87455591　027-88061977

双湖·观澜

人均价格：122 元

推荐菜品：砂煲荆楚黄牛肉、养生猪肚鸡、蟹粉鱼圆狮子头

地址：天鹅路水果湖放鹰台旁

电话：027-87898077　027-87898087

游心咖啡

人均价格：55 元

推荐菜品：开心果芝士、香草拿破仑

地址：东湖路 138-2 号汉秀剧场东湖边（汉秀地下停车场入口处）

电话：15871829663

齐悦轩

人均价格：55 元

推荐菜品：土豆烧牛腩、蛮露脸的臭桂鱼、京酱肉丝

地址：联盟路东湖景园 B 区 19 栋 1 号底商

电话：027-86725277

湖光序曲驿站

人均价格：30 元

推荐菜品：西式快餐、中式炒菜

地址：湖光序曲驿站一楼

电话：400-6782259

杉月晓看驿站

人均价格：30 元

推荐菜品：中式简餐、西式快餐

地址：东湖绿道湖中道杉月晓看驿站

京湘匯

人均价格：95 元

推荐菜品：臻品烤鸭、十八秒黄牛肉、椒香牛肋条
地址：中北路 246 号
电话：027-88939368

行者 · 欢喜小院

人均价格：141 元
推荐菜品：黄石石磨柴火豆腐、妈妈手撕牛肉、火焰焗百合
地址：黄鹂路 78 附 35 号
电话：17671636688

喜客莱私房菜

人均价格：50 元
推荐菜品：排骨藕汤、开胃半条鱼、武昌鱼
地址：黄鹂路 75 附 3 号
电话：13971197859

闲云 · 鹤公馆

人均价格：750 元
推荐菜品：九层塔烩牛尾、脆皮乳鸽皇、花胶通天金钩翅
地址：东湖风景区黄鹂路 68 号东湖楚世家行吟水榭
电话：027-88779797 / 13297961177

德膳舫花园酒店

人均价格：90 元
推荐菜品：特色锅边馍、万源黑鸡
地址：东湖风景区鲁磨路毕阁山公交站旁
电话：027-83777776 / 13995591069

乘物游心咖啡

人均价格：45 元
推荐饮品：宝贝奇诺、没有蜜瓜
地址：东湖风景区沿湖大道 20 号（东湖梨园左侧）

BonBonne 西餐厅

人均价格：260 元
推荐菜品：低温慢煮章鱼足、油封鸭腿
地址：东湖风景区植物园路 313 号
电话：18086093806

吹笛景区周边

光谷凯悦酒店

人均价格：350 元
地址：珞喻路 1077 号
电话：027-87781234

湖锦酒楼

人均价格：110 元
地址：珞喻路 88 号

电话：027-87781777

┃ 捞旺猪肚鸡

人均价格：70 元

推荐菜品：胡椒猪肚鸡、捞旺煲仔饭

地址：珞喻路 887 号（鲁巷购物广场斜对面，碧水花园旁）

电话：027-87616657

┃ 我家厨房私房菜

人均价格：71 元

推荐菜品：砂锅藕汤、蒜香排骨、特色糍粑鱼

地址：珞喻东路 2 号（巴黎豪庭旁）

电话：027-87590678

┃ 太渔栖霞驿站

人均价格：30 元

推荐菜品：沙县小吃、热干面、中式简餐

地址：太渔栖霞驿站

电话：027-86392995

┃ 禧来顺饭庄

人均价格：105 元

推荐菜品：酸菜鱼火锅、羊肉串、北京烤鸭

地址：光谷东谷宾馆

电话：027-87003338

┃ 森林小厨

人均价格：50 元

推荐菜品：万州烤鱼、小炒黄牛肉、干锅啤酒鸭

地址：珞喻东路 10 号附近（森林公园南对面）

电话：13419508268

┃ 渔耕年华

人均价格：71 元

推荐菜品：清蒸银鳕鱼、四季豆炒牛肚、红

柳枝烤羊肉串

地址：光谷创业街新世界恒大华府

电话：17771414777

┃ 宽宅酒家

人均价格：242 元

推荐菜品：段位洪湖大白刁、黑椒鳝鱼牛蛙煲、青葱烤鳕鱼

地址：光谷创业街 68 号（近新世界恒大华府）

电话：027-87787979

┃ 俭朴菜

人均价格：55 元

推荐菜品：铁板糍粑鱼、私房酱板鸭、卤水武昌鱼

地址：慧谷时空（佳园路）6-2 号

电话：027-81881998

┃ 良古湖边餐厅

人均价格：350 元

推荐菜品：法国吉拉多生蚝、山楂糕、盐烤多春鱼

地址：东湖绿道郊野道落霞归雁驿站内

电话：027-88771314

┃ 落霞归雁驿站

人均价格：30 元

推荐菜品：中式简餐

地址：东湖绿道郊野道落霞归雁驿站

滨湖夕佳驿站

人均价格：30元

推荐菜品：牛肉粉、中式简餐

地址：东湖绿道郊野道滨湖夕佳驿站

天椒别院

人均价格：70元

推荐菜品：极品毛血旺、私房招牌牛肉、金汤巴沙鱼

地址：光谷创业街68号新世界恒大华府商业街B商铺

电话：027-87521277

老村长

人均价格：57元

推荐菜品：泡菜牛蛙、山药牛腩煲、酱油粉蒸肉

地址：光谷一路10号新世界恒大华府正门旁（第二初级中学对面）

电话：027-87871877

周麻婆

人均价格：40元

推荐菜品：烤鸭、酸菜鱼锅、麻婆红烧肉

地址：喻园大道喻园餐厅旁（华中科技大学）

电话：18171446071

壶光悦色私厨

人均价格：200元

推荐菜品：锦绣大华龙、风干鲫鱼、翡翠百合球

地址：东湖风景区八一路延长线沙湾村84号

电话：18607195668

PHOENIX BISTRO梧桐美式烤肉（东湖店）

人均价格：200元

推荐菜品：伊比利亚香骨猪肉排、黑椒牛肋排、美式慢烤牛胸

地址：东湖风景区大李村188号

电话：13871076620

楚陶艺术馆·东湖宴

人均价格：400元

推荐菜品：酥鳞武昌鱼、牦牛肉烧鮰鱼肚、琥珀桃仁番茄

地址：东湖风景区鲁磨路大李村内

电话：027-87776188

住宿

商旅酒店

光谷凯悦酒店

星级：★★★★★

价格：689~2759 元 / 晚

地址：珞喻路 1077 号

电话：027-87781234

楚天粤海国际大酒店

星级：★★★★★

价格：409~1342 元 / 晚

地址：东湖路 181 号

电话：027-86628888

弘毅大酒店

星级：★★★★☆

价格：285~1271 元 / 晚

地址：东湖路 136 号

电话：027-67819888

华侨城玛雅嘉途酒店

价格：298~1388 元 / 晚

地址：欢乐大道 218 号

电话：027-88511111

濮锦酒店

价格：519~998 元 / 晚

地址：雁中路绿道二期

电话：027-86871999

万达瑞华酒店

星级：★★★★★

价格：1092~17688 元 / 晚

地址：东湖路 138 号

电话：027-59599999

富力万达嘉华酒店

星级：★★★★★

价格：588~18888 元 / 晚

地址：东湖路 105 号

电话：027-59008888

光谷金盾大酒店

星级：★★★★★

价格：598~18800 元 / 晚

地址：吴家湾特 1 号

电话：027-87887788

光明万丽酒店

星级：★★★★★

价格：399~1549 元 / 晚

地址：徐东大街 160 号

电话：027-86621388

滨湖大厦

星级：★★★★☆

价格：298~965 元 / 晚

地址：东湖路 157 号

电话：027-68892222

莱斯国际酒店

星级：★★★★★

价格：374~798 元 / 晚

地址：中北路 259 号

电话：027-87689999

曲水兰亭度假酒店

价格：699~2378 元 / 晚

地址：欢乐大道 75 号

电话：027-88707777

岳家嘴亚朵酒店

价格：508~1279 元 / 晚

地址：欢乐大道 1 号东湖国贸中心 B 栋

电话：027-85661818

ZMAX HOTELS

价格：399~436 元 / 晚

地址：沿湖大道 19 号

电话：027-88860166

东湖丽景酒店

价格：288~656 元 / 晚

地址：徐东大街 350 号

电话：027-86867800

特色民宿 / 连锁快捷酒店

樱雨堂茶社民宿

价格：279~881 元 / 晚

地址：东湖生态旅游风景区大李村 219 号

电话：15307163499

MR.W 民宿

价格：463~8333 元 / 晚

地址：大李村 228 号

电话：15071134191

翩翩虚度 CHILLHOUSE

价格：358~1398 元 / 晚

地址：大李村 208 号

电话：15007171336

山水有相逢酒店（原习诩酒店）

价格：369~669 元 / 晚

地址：欢乐大道 75 号骏业财富中心酒店二号楼

电话：027-88775777

东湖驿家

价格：418 元 / 晚

地址：大李村 133 号

电话：15629182885

世纪时尚酒店

价格：208~288 元 / 晚

地址：中北路 233 号

电话：027-88110788

汉庭酒店

价格：199~368 元 / 晚

地址：东亭路 25 号

电话：027-82325757

怡尚花园酒店

价格：225~427 元 / 晚

地址：欢乐大道 301 号东湖庭园 1 栋

电话：027-88876699

辛巴精品酒店公寓

价格：312~588 元 / 晚

地址：中北路普提金商务中心 B 座 15 楼

18140520128

兰廷魔方酒店

价格：229~368 元 / 晚

地址：东湖路 169 号湖北知音传媒股份有限公司院内魔方公寓大楼

电话：13986282900

城市便捷酒店

价格：214~232 元 / 晚

地址：东亭路 5 号

电话：027-88772988

寻核舍民宿

价格：168 元

地址：东湖风景区大李文创村 203 号

电话：13986398111

东湖·归源居

价格：200~300 元 / 晚（以当日价格为准）

地址：东湖风景区大李村 273 号

电话：18171197618

医疗及救援电话

东湖绿道医疗救护：400-678-2259

武汉市急救中心：027-85792248 / 85775919

医疗急救：120

交通事故：122

武汉旅游信息咨询及投诉：12301

武汉市消费者协会：12315

公安报警：110

火灾报警：119

东湖景区医疗点列表

名称	类别	地址	电话
东湖风景区公共卫生综合服务中心	社区卫生服务中心	欢乐大道与礼和路交会处西北侧	027-86328199
武汉大学中南医院	三甲医院	东湖路 169 号	027-67812888 027-67812999
华中科技大学同济医学院附属梨园医院	三甲医院	沿湖大道 39 号	027-86793043
东湖医院	专科医院	东湖东路 17 号	027-87511479
东湖生态旅游风景区第一社区卫生服务中心	社区卫生服务中心	落雁路与青王路交叉口南 200 米	027-86348868
东湖生态旅游风景区第二社区卫生服务中心	社区卫生服务中心	东湖东路 17 号	027-87569025

梨园社区卫生服务站	社区卫生服务站	沿湖大道39号	027-86624796
东湖路社区卫生服务站	社区卫生服务站	黄鹂路78附3附近	15623690281
东湖新城社区卫生服务站	社区卫生服务站	欢乐大道东湖庭园12栋3单元一楼	027-88705699
桥梁社区卫生服务站	社区卫生服务站	桥梁社区57号	13871452684
武汉科技大学城市学院社区卫生服务站	社区卫生服务站	黄家大湾特一号	13907140975
滨湖社区卫生服务站	社区卫生服务站	滨湖花园2期10号楼1楼	027-86876663
龚家岭社区卫生服务站	社区卫生服务站	龚家岭裕景花园23号商铺	027-86416568
建强社区卫生服务站	社区卫生服务站	建强小区9栋	15307108769
磨山社区卫生服务站	社区卫生服务站	鲁磨路622号	18971200353
马鞍山苗圃村卫生室	医务室	珞喻东路619号	18627757948

（鄂）新登字 08 号
图书在版编目（CIP）数据

我在东湖等你 / 武汉市东湖生态旅游风景区管理委员会编；HANS 汉声编著．— 武汉：武汉出版社，2023.8
（东湖丛书）
ISBN 978-7-5582-4532-9

Ⅰ．①我… Ⅱ．①武… ② H… Ⅲ．①旅游指南—武汉 Ⅳ．① K928.963.1

中国版本图书馆 CIP 数据核字（2021）第 084403 号

我在东湖等你
WO ZAI DONGHU DENG NI

编　　者：武汉市东湖生态旅游风景区管理委员会
编　　著：HANS 汉声
责任编辑：蔡文华
封面设计：沈力夫
版式设计：刘　蕾
出　　版：武汉出版社
社　　址：武汉市江岸区兴业路 136 号　　邮　　编：430014
电　　话：（027）85606403　　85600625
http://www.whcbs.com　　E-mail: whcbszbs@163.com
印　　刷：武汉精一佳印刷有限公司　　经　　销：新华书店
开　　本：880 mm×1230 mm　　1/32
印　　张：8.5　　字　　数：230 千字
版　　次：2023 年 8 月第 1 版　　2023 年 8 月第 1 次印刷
定　　价：48.00 元

关注阅读武汉
共享武汉阅读